Daytrading für Einsteiger:

Wesentliche Taktiken, Geldmanagement und Disziplin, um den Aktienmarkt zu navigieren und mit Zuversicht und Strategie den Lebensunterhalt zu verdienen

Eckhardt Weber

Inhaltsübersicht

Kapitel 1
Einführung in das Daytrading

Daytrading verstehen

Der Begriff "Daytrading" bezieht sich auf einen dynamischen Finanzansatz, bei dem Finanzprodukte innerhalb desselben Handelstages gekauft und verkauft werden. Daytrader sind Finanzmarktteilnehmer, die darauf abzielen, von den kurzfristigen Veränderungen der Preise von Aktien, Währungen, Rohstoffen und Indizes zu profitieren. Ihr Hauptziel ist es, mit diesen kurzfristigen Schwankungen Geld zu verdienen.

Die inhärente Instabilität der Finanzmärkte ist die Grundlage des Daytradings. Um kurzfristige Handelsmöglichkeiten zu finden, untersuchen Daytrader akribisch Preisdiagramme, Marktindikatoren und andere einschlägige Daten. Die übliche Handelssitzung für Daytrader besteht aus dem Ein- und Ausstieg aus Positionen, im Gegensatz zu den Wochen, Monaten oder sogar Jahren, in denen traditionelle Anleger ihre Anlagen oft halten.

Ein charakteristisches Merkmal des Daytrading ist die starke Abhängigkeit von Diagrammen und technischer Analyse. Candlestick-Diagramme, gleitende Durchschnitte und Oszillatoren sind gängige Instrumente, die von Daytradern verwendet werden, um fundierte Kauf- und Verkaufsentscheidungen treffen zu können. Ziel ist es, Muster zu finden, die auf künftige Preisänderungen wie Trends oder Umkehrungen hindeuten könnten.

Da der Daytrading mit hoher Geschwindigkeit erfolgt, ist das Risikomanagement von größter Bedeutung. Es ist üblich, dass Händler Stop-Loss-Orders und Take-Profit-Orders einsetzen, um sich gegen Verluste abzusichern bzw. Gewinne zu sichern. Daytrader können sich in finanzieller Selbstkontrolle üben und ihr Risiko mit Hilfe dieser Risikomanagement-Taktiken kontrollieren.

Für den Daytrading-Handel sind ein solides Verständnis der Finanzmarktgrundlagen, die Beherrschung der technischen Analyse und blitzschnelle Reflexe erforderlich. Eine Strategie, die Händler anwenden können, ist das Momentum-Trading, bei dem es darum geht, auf der Welle eines sich bewegenden Marktes zu reiten, während eine andere das Scalping ist, bei dem versucht wird, kleinere Kursschwankungen zu erwischen.

Obwohl Daytrading beträchtliche Renditen bringen kann, ist es nicht ohne Gefahren. Die Handelsergebnisse sind anfällig für Marktschwankungen, plötzliche Preisveränderungen und unvorhergesehene Umstände. Technisches Fachwissen ist unerlässlich, aber auch Disziplin, Geduld und eine gründliche Kenntnis der Marktdynamik sind notwendige Eigenschaften für einen erfolgreichen Daytrader.

Alles in allem handelt es sich beim Daytrading um eine Form des aktiven, kurzfristigen Handels, bei dem es darum geht, von den Kursveränderungen zu profitieren, die im Laufe eines einzigen Handelstages auftreten. Für Personen, die der Aufgabe gewachsen sind, bietet es ein anspruchsvolles, aber potenziell lukratives Unterfangen, das ein gründliches Verständnis der technischen Analyse, des Risikomanagements und des Marktverhaltens erfordert.

- Risiken und Vorteile

Wie bei jedem Investitionsplan gibt es auch beim Daytrading ein breites Spektrum an potenziellen Vor- und Nachteilen. Erfolgreiche Händler in der sich ständig verändernden Welt des Daytradings verstehen und beherrschen diese Elemente.

Die Risiken:

1. **Marktvolatilität:** Beim Daytrading geht es vor allem um kurzfristige Kursschwankungen, was bedeutet, dass Händler aufgrund der inhärenten Volatilität der Branche anfällig für unerwartete Marktveränderungen sind. Sie laufen Gefahr, Geld zu verlieren, wenn sich die Preise zu schnell ändern.
2. **Risiken der Hebelwirkung:** Der Einsatz von Hebeleffekten kann zu höheren Gewinnen, aber auch zu höheren Verlusten führen. Mit geliehenem Geld sind Händler viel anfälliger für Marktschwankungen, weshalb sie vorsichtig sein müssen.
3. **Emotionale Herausforderungen:** Der Daytrading-Handel ist durch schnelle Kursbewegungen gekennzeichnet, die Händler zu emotionalen Reaktionen veranlassen können, die zu übereilten, von Gier oder Angst getriebenen Entscheidungen führen. Um

übereilte Entscheidungen beim Handel zu vermeiden, ist emotionale Kontrolle der Schlüssel.

4. **Overtrading:** Der Drang zum Overtrading, d.h. zur Durchführung einer großen Anzahl von Transaktionen in kurzer Zeit, ist bei Daytradern sehr ausgeprägt. Dies erhöht das Potenzial für finanzielle Verluste und höhere Transaktionskosten.

5. **Mangelndes Wissen:** Daytrader laufen Gefahr, aufgrund mangelnder Kenntnisse über die Marktdynamik, die technische Analyse oder bestimmte Handelsinstrumente uninformierte Entscheidungen zu treffen. Um die Auswirkungen dieser Gefahr zu mindern, ist eine kontinuierliche Weiterbildung unerlässlich.

Belohnungen:

1. **Gewinnpotenzial:** Mit dem Daytrading können Sie in kurzer Zeit viel Geld verdienen. Erhebliche finanzielle Vorteile sind mögliche Ergebnisse gut informierter und erfolgreich durchgeführter Trades.

2. **Schnelle Erträge:** Im Gegensatz zu langfristigen Investitionen, die sich erst nach Jahren oder Monaten auszahlen können, bietet Daytrading die Chance auf schnelle finanzielle Gewinne. Eine einzige Handelssitzung kann Gewinne bringen.

3. **Flexibilität:** Die Fähigkeit, sich schnell an wechselnde Marktbedingungen anzupassen, ist eine Schlüsselkompetenz für Daytrader. Sie reagieren schnell auf Ereignisse, die sich in Echtzeit abspielen, und ergreifen Chancen, sobald sie sich ergeben, und sind in der Lage, Positionen mit Leichtigkeit einzugehen und zu verlassen.

4. **Entwicklung von Fertigkeiten:** Eine Reihe von Fähigkeiten, wie z. B. die Fähigkeit, technische Daten zu analysieren, Risiken zu managen und unter Druck schnelle Entscheidungen zu treffen, werden beim Daytrading geschärft. Mit der Zeit können Händler ihre Methoden und Taktiken bis zur Perfektion verfeinern.

Unabhängiger Lebensstil: Händler im Daytrading haben die Möglichkeit, aus der Ferne zu arbeiten und ihre Arbeitszeiten selbst zu bestimmen, was zu einem unabhängigeren Lebensstil führen kann. Menschen, die sich mehr Freiheit bei ihren finanziellen Entscheidungen wünschen, wissen diese Flexibilität zu schätzen.

Händler sollten das Daytrading mit einem ausgewogenen und fundierten Blickwinkel angehen, da Risiken und Gewinne miteinander verbunden sind. Es besteht zwar die Chance auf schnelles Geld, doch wenn Sie eine langfristige Karriere im Daytrading aufbauen wollen, müssen Sie sich der damit verbundenen Gefahren bewusst sein und sich darauf einstellen.

Realistische Erwartungen setzen

- Häufige Missverständnisse

1. **Einfach und schnell reich werden:** Viele Menschen denken fälschlicherweise, dass Daytrading zu schnellem und einfachem Geld führen würde. Daytrading ist nicht einfach; es erfordert Geduld, Konzentration und Marktkenntnisse, um erfolgreich zu sein. Es ist ein Talent, das ständig verfeinert werden muss, und keine Zauberformel für sofortigen Reichtum.

2. **Vorhersage von Marktbewegungen:** Manche Neulinge im Daytrading glauben fälschlicherweise, sie könnten zuverlässig vorhersagen, wie sich der Markt verhalten wird. In Wirklichkeit gibt es viele Faktoren, die die Märkte beeinflussen, und es ist schwierig - selbst für Experten -, den genauen Kursverlauf präzise vorherzusagen.

3. **Minimaler Aufwand für maximale Erträge:** Ein weiterer weit verbreiteter Irrtum ist der Glaube, dass der Daytrading-Handel wenig bis gar keine Arbeit erfordert, um beträchtliche Gewinne zu erzielen. Die erfolgreichsten Daytrader verwenden viel Zeit darauf, den Markt zu studieren, Handelsstrategien zu entwickeln und ihre Wissensbasis zu erweitern. Da es sich um ein dynamisches Feld handelt, ist ständige Hingabe erforderlich.

4. **Keine Notwendigkeit für Ausbildung:** Manche Menschen glauben fälschlicherweise, dass sie als Daytrader ohne formale Ausbildung Geld verdienen können. Dieser Irrglaube kann zu kostspieligen Fehlern führen. Der Schlüssel zum langfristigen Erfolg im Daytrading ist die Beherrschung der Marktdynamik, der technischen Analyse und des Risikomanagements.

5. **Emotionsfreies Handeln:** Viele Menschen glauben fälschlicherweise, dass gute Daytrader sich niemals von ihren Emotionen von ihrem rationalen Entscheidungsprozess abbringen lassen. Die Wahrheit ist, dass der Umgang mit den eigenen Emotionen ein ständiger Kampf ist. Gute Trader lernen, ihre Emotionen wie Gier und Angst zu kontrollieren, damit sie rationale Entscheidungen treffen können.

Realistische Erwartungen im Daytrading setzen:

1. **Lernkurve:** Es gibt eine Lernkurve beim Daytrading, und so viel ist wahr. Das Erlernen von Markttrends, die Ausarbeitung von Gewinntaktiken und die Verfeinerung Ihrer Ausführungsfähigkeiten brauchen allesamt Zeit. Erwarten Sie in den ersten Wochen der Schule nicht zu viel.

2. **Risiko und Verluste:** Machen Sie sich klar, dass Sie Verluste beim Daytrading nicht vermeiden können. Die Erkenntnis, dass nicht jeder Handel zu einem Gewinn führen wird, ist ein wichtiger Bestandteil der Festlegung vernünftiger Erwartungen. Verringern Sie die Wahrscheinlichkeit von Verlusten, indem Sie effiziente Maßnahmen zum Risikomanagement ergreifen.

3. **Beständige Gewinne vs. periodische Verluste:** Sie müssen darauf vorbereitet sein, beim täglichen Handel Geld zu verlieren. Streben Sie im Laufe der Zeit stetige Gewinne an, anstatt zu erwarten, dass jede Transaktion ein Gewinn ist, um vernünftige Erwartungen zu setzen.

4. **Marktvolatilität:** Machen Sie sich bewusst, dass plötzliche Marktveränderungen oder andere unvorhergesehene Umstände Ihren Handel beeinträchtigen können. Um auf veränderte Situationen reagieren zu können, ist es wichtig, flexibel zu sein. Wer realistische Erwartungen hat, muss wissen, dass sich nicht alle Marktveränderungen vorhersagen lassen.

Kontinuierliches Lernen: Die Idee des lebenslangen Lernens sollte man sich zu eigen machen. Erfolgreiche Daytrader passen sich den sich ständig verändernden Finanzmärkten an, indem sie sich über die neuesten Trends, Methoden und Technologien auf dem Laufenden halten. Um vernünftige Erwartungen zu haben, muss man sich dem kontinuierlichen Lernen und der Anpassung widmen.

Indem sie sich Klarheit verschaffen und vernünftige Ziele setzen, können sich angehende Daytrader besser in der sich ständig verändernden Handelslandschaft zurechtfinden und ihre langfristigen Erfolgschancen verbessern.

- Zeitaufwand und Disziplin

1. **Vollzeitbeschäftigung:** Für ernsthafte Investoren ist Daytrading ein Vollzeitjob. Erfolgreiche Daytrader müssen sich voll und ganz der Marktanalyse, der Handelsausführung und der Weiterbildung widmen.
2. **Vorbereitung auf den Markt:** Daytrader verlassen sich auf den Morgen, um für den bevorstehenden Handelstag gerüstet zu sein. Dazu müssen sie nach möglichen Handelsmöglichkeiten Ausschau halten, die Ereignisse der Nacht auswerten und die vorbörslichen Daten studieren. Der gesamte Handelstag wird von der Vorbereitung auf den Markt geprägt.
3. **Intraday-Überwachung:** Während der Handelssitzung müssen Daytrader den Markt und die Kurse genau im Auge behalten. Die Händler müssen jederzeit erreichbar sein und sich ständig auf ihre Handelsbildschirme konzentrieren, um schnell auf Marktentwicklungen reagieren zu können.
4. **Nachbörsliche Bewertung:** Die besten Daytrader nehmen nach Börsenschluss eine Nachbewertung vor. Dabei werden die an diesem Tag getätigten Geschäfte überprüft, alle positiven und negativen Aspekte notiert und Pläne für den nächsten Handelstag gemacht. Diese introspektive Herangehensweise trägt zu einem kontinuierlichen Fortschritt bei.
5. **Fortlaufendes Lernen:** Die Märkte verändern sich, und Daytrading ist eine dynamische Tätigkeit. Ein beträchtlicher Teil der Zeit wird dem kontinuierlichen Lernen gewidmet. Wenn sie langfristig erfolgreich sein wollen, müssen Daytrader mit den neuesten Nachrichten und Entwicklungen auf dem Markt, den Handelstaktiken und der Technologie Schritt halten.

Disziplin im Daytrading:

1. **Halten Sie sich an den Handelsplan:** Daytrading-Disziplin bedeutet, einer festgelegten Handelsstrategie zu folgen. Schlechte Dinge können passieren, wenn Sie sich von Ihren Emotionen oder spontanen Aktionen vom Plan abbringen lassen. Der Handel nach einem festen Plan ist nur mit Disziplin möglich.
2. **Risikomanagement:** Für disziplinierte Daytrader steht die Risikokontrolle an erster Stelle. Dazu müssen Sie Ihre Positionen richtig dimensionieren, angemessene Stop-Loss-Niveaus festlegen und sich an ein Risiko-Ertrags-Verhältnis halten. Ein diszipliniertes Risikomanagement schützt das Handelsgeld, indem es die Wahrscheinlichkeit von Verlusten verringert.
3. **Emotionale Kontrolle:** Der Daytrading-Handel kann aufgrund seines rasanten Tempos eine emotional anstrengende Tätigkeit sein. Um analytische statt emotionale Entscheidungen zu treffen, lernen disziplinierte Händler, ihre Emotionen wie Gier und Angst zu kontrollieren. Beständige Erfolge erfordern emotionale Kontrolle.
4. **Kontinuierliches Lernen:** Zur Disziplin gehört auch die Verpflichtung zum kontinuierlichen Lernen. Erfolgreiche Daytrader wissen, wie wichtig es ist, über Marktentwicklungen informiert zu bleiben und ihre Fähigkeiten zu verbessern. Dieser disziplinierte Ansatz trägt zum langfristigen Erfolg in der sich ständig verändernden Finanzwelt bei.

Anpassungsfähigkeit: Auf dem sich ständig verändernden Markt kann es zu unvorhersehbaren Ereignissen kommen. Die Fähigkeit, sich schnell an wechselnde Marktbedingungen anzupassen, ist eine Schlüsselkomponente der Daytrading-Disziplin. Erfolgreiche Trader bewerten ständig ihre Leistung, nehmen bei Bedarf Kurskorrekturen vor und ziehen Lehren aus Rückschlägen.

Zusammenfassend lässt sich sagen, dass der Daytrading-Handel extreme Selbstkontrolle und einen hohen Zeitaufwand erfordert. Daytrader, die beständig Geld verdienen, tun drei Dinge: Sie halten sich an ihre Handelsstrategien, sie halten ihre Emotionen im Zaum, und sie verpflichten sich, neue Dinge zu lernen. Wenn Sie beim Daytrading erfolgreich sein und die Nase vorn haben wollen, müssen Sie diszipliniert sein und viel Zeit investieren.

Die Bedeutung von Bildung

- Die Sprache des Handels lernen

1. **Die Marktdynamik verstehen:** Um ein erfolgreicher Daytrader zu sein, ist Bildung wichtig. Händler erhalten dadurch ein gründliches Verständnis der Marktdynamik, die Elemente umfasst, die sich auf Preisänderungen, Markttendenzen und das Verhältnis zwischen Angebot und Nachfrage auswirken. Mit diesen Informationen als Grundlage können Entscheidungen getroffen werden.

2. **Risikominimierung:** Um die Auswirkungen potenzieller Verluste zu verringern, ist die Ausbildung im Daytrading entscheidend. Zu den Risikomanagementtechniken, die den Händlern beigebracht werden, gehören die Berechnung potenzieller Verluste, die Bestimmung der optimalen Größe einer Position und die Verwendung von Stop-Loss-Aufträgen. Beim Umgang mit den dem Markt innewohnenden Gefahren ist das Kapital eines Händlers besser geschützt, wenn er über eine solide Ausbildung verfügt.

3. **Technische Analysefähigkeiten:** Die Fähigkeit eines Daytraders, Preisdiagramme zu lesen, Muster zu erkennen und Indikatoren sinnvoll zu nutzen, hängt von seinem Ausbildungsstand in technischer Analyse ab. Eine fundierte Entscheidung über den Einstieg in einen Markt oder den Ausstieg aus einem Markt auf der Grundlage von technischen Analysefähigkeiten ist von entscheidender Bedeutung.

4. **Nachrichten und Wirtschaftsindikatoren interpretieren:** Für Daytrader ist es wichtig, sich über Wirtschaftsdaten und marktbewegende Nachrichten auf dem Laufenden zu halten. Händler, die sich die Zeit nehmen, sich weiterzubilden, können Wirtschaftsdaten, geopolitische Ereignisse und Pressemitteilungen besser verstehen, was ihnen wiederum hilft, die Marktreaktionen vorherzusagen und intelligente Handelsentscheidungen zu treffen.

5. **Annahme von Handelsstrategien:** Lernen Sie mit Hilfe einer Ausbildung die Besonderheiten des Momentum-Trading, der Trendfolge und des Scalping kennen. Der Markt, die persönlichen Vorlieben und die Risikotoleranz des Händlers können die Entwicklung und Umsetzung der Handelsstrategie beeinflussen. Eine starke und flexible Handelsstrategie kann von Händlern mit einer umfassenden Ausbildung entwickelt werden.

Die Sprache des Handels lernen:

1. **Candlestick-Patterns:** Die Sprache der Candlestick-Muster ist ein wesentlicher Bestandteil der Daytrading-Ausbildung. Um die Marktstimmung und mögliche Umschwünge zu verstehen, lernen Händler, Muster wie Doji, Hammer und Engulfing-Muster zu erkennen.

2. **Chart-Muster:** Dreiecke, Kopf-Schulter-Kurven und doppelte Hochs und Tiefs sind einige der Chartmuster, die Daytrader studieren und beherrschen. Egal, ob Sie wissen wollen, wann die Preise steigen oder fallen könnten oder ob ein Trend umschlagen könnte, Sie müssen diese Muster wie eine Sprache studieren.

3. **Technische Indikatoren:** Das Erlernen von technischen Indikatoren wie gleitende Durchschnitte, RSI und MACD gehört zu jeder guten Ausbildung. Die Beherrschung dieser Indikatoren ermöglicht es Händlern, die Marktstärke zu bewerten, überkaufte oder überverkaufte Situationen zu erkennen und ihre Urteile auf Fakten zu stützen.

4. **Unterstützungs- und Widerstandsniveaus:** Wenn Sie die Sprache der Unterstützung und des Widerstands beherrschen wollen, müssen Sie wissen, wo sich die Kauf- und Verkaufsaktivitäten auf einem Diagramm konzentrieren. Händler verlassen sich auf diese

Informationen, um zu bestimmen, wann sie in den Markt ein- und aussteigen sollten, und um die Stärke der vorherrschenden Trends zu erkennen.

Markt-Ordertypen: Das Verständnis der Unterschiede zwischen Markt-, Limit- und Stop-Orders ist ein wichtiger Teil der Ausbildung eines jeden Daytraders. Da Übung den Meister macht, beherrschen die Händler die Kunst der Auftragsausführung und stellen sicher, dass ihre Geschäfte genau richtig sind und die Slippage reduziert wird.

Die Fähigkeit, die Feinheiten der Finanzmärkte zu verstehen und zu manipulieren, ist für Daytrader unverzichtbar, und die Ausbildung legt den Grundstein für diesen Erfolg. Die Beherrschung der technischen Analyse, die Kenntnis der Marktdynamik und die Umsetzung erfolgreicher Handelsstrategien sind Teil des Erlernens der Handelssprache. Diese Fähigkeiten ermöglichen es den Händlern, bessere Einschätzungen zu treffen und insgesamt bessere Ergebnisse zu erzielen.

- Empfohlene Ressourcen für Einsteiger
1. Bildungs-Websites:
    - **Investopedia:** Ein One-Stop-Shop für Lehrmaterial über Daytrading, den Aktienmarkt und Investitionstaktiken, einschließlich Artikeln, Tutorials und Videos.
    - **BabyPips:** Obwohl der Schwerpunkt auf dem Devisenhandel liegt, ist BabyPips eine großartige Ressource für neue Händler, die alles lernen wollen, von der technischen Analyse bis zum Risikomanagement.
2. Online-Kurse:
    - **Coursera:** Kurse zu Finanzmärkten, Handelstaktiken und technischer Analyse finden Sie auf Plattformen wie Coursera, die Angebote von renommierten Bildungseinrichtungen bereitstellen.
    - **Udemy:** Auf Udemy gibt es eine Vielzahl von erschwinglichen Kursen zu Daytrading, technischer Analyse und Risikomanagement, die oft von erfahrenen Händlern angeboten werden.
3. Bücher:
    - **"A Beginner's Guide to Forex Trading" von Matthew Driver:** Dieses Buch ist ein großartiges Hilfsmittel für alle, die sich mit dem Devisenmarkt vertraut machen wollen.
    - Das Buch **"Technical Analysis of the Financial Markets"** von John J. Murphy: Die technische Analyse ist eine unverzichtbare Fähigkeit für Daytrader, und dieses berühmte Buch bietet tiefe Einblicke in dieses Thema.
4. Handelsplattformen mit Simulatoren:
    - Handelsplattform Thinkorswim von TD Ameritrade Anfänger können mit der Paper-Trading-Funktion dieser Plattform Daytrading üben, ohne ein Risiko einzugehen.
    - Handelsplattform Thinkorswim von TD Ameritrade Anfänger können mit der Paper-Trading-Funktion dieser Plattform Daytrading üben, ohne ein Risiko einzugehen.

5. Quellen für Finanznachrichten:
   - **Bloomberg:** Daytrader verlassen sich auf diese erstklassige internationale Finanznachrichtenquelle für aktuelle Marktdaten, Wirtschaftsindikatoren und Kommentare.
   - **CNBC:** Marktanalysen, Expertenkommentare und Live-Markt-Updates finden Sie auf CNBC, einer weit verbreiteten Finanznachrichten-Website.
6. Handelsgemeinschaften:
   - **StockTwits:** Eine Social-Networking-Site, auf der sich Menschen, die sich für Handel und Investitionen interessieren, treffen und Informationen über verschiedene Unternehmen und Märkte austauschen können.
   - **Reddit-Communities (z. B. r/DayTrading):** Online-Foren sind ein großartiger Ort, um andere Trader zu treffen, zu fachsimpeln und Einblicke von einer Gruppe von Menschen mit ähnlichen Interessen zu erhalten.
7. Podcasts und Webinare:
   - **Chat mit Tradern:** Ein Podcast, in dem erfahrene Händler ihre Geschichten erzählen und aufstrebenden Händlern Ratschläge geben.
   - **Investor's Business Daily (IBD) Webinare:** IBD bietet Webinare zu einer Vielzahl von Themen an, darunter Markttrends, Chartanalyse und Aktienauswahl.
8. Finanznachrichten-Apps:
   - **Benzinga:** Eine App, die sich an Händler und Investoren richtet, indem sie sie mit aktuellen Finanznachrichten, Analysen und Daten versorgt.

Yahoo Finance: Investitionsnachrichten, Marktstatistiken und Portfolio-Tracking-Funktionen sind Teil dieser beliebten Software.

Auch wenn diese Materialien hilfreich sein können, sollten Neulinge den Daytrading-Handel dennoch mit Hingabe betreiben und sich auf die Entwicklung einer Strategie konzentrieren. Sie können Ihre Fähigkeiten erheblich verbessern, wenn Sie zunächst in einer virtuellen Umgebung üben, bevor Sie echtes Geld riskieren.

Erste Schritte mit einem Handelsplan

- Finanzielle Ziele setzen

Das Fundament jeder erfolgreichen Daytrader-Strategie ist ein gut organisierter Handelsplan. Er ist ein Leitfaden, der Ihnen hilft, sich auf den Finanzmärkten zurechtzufinden, indem er Ihre Ziele, Taktiken und Methoden für das Risikomanagement festlegt.

1. Definieren Sie Ihre Ziele:
   - **Finanzielle Ziele:** Machen Sie sich Ihre finanziellen Ziele kristallklar. Ist Ihr primäres finanzielles Ziel der Erwerb von Reichtum für die Zukunft, die Befriedigung

unmittelbarer Bedürfnisse oder beides? Wenn Sie wissen, warum Sie handeln, können Sie das besser einschätzen.

2. Risikotoleranz und Kapitalallokation:
   - **Risikotoleranz:** Bestimmen Sie auf der Grundlage Ihrer Risikotoleranz den Geldbetrag, den Sie bei jedem Handel zu verlieren bereit sind. Sie müssen entscheiden, wie viel von Ihrem Handelsgeld Sie sich leisten können, bei einem einzelnen Geschäft zu verlieren.
   - **Kapitalallokation:** Legen Sie einen bestimmten Geldbetrag beiseite, den Sie für das Daytrading verwenden. Achten Sie darauf, kein Geld auszugeben, das für andere finanzielle Verpflichtungen benötigt wird.

3. Wählen Sie Ihre Märkte und Instrumente:
   - **Marktfokus:** Wählen Sie den Aktien-, Devisen-, Rohstoff- oder Kryptowährungsmarkt bzw. die Märkte, an denen Sie handeln möchten. Wenn Sie sich nur auf einen oder zwei Märkte konzentrieren, können Sie in diesen Bereichen zu einem Experten werden.
   - **Auswahl der Instrumente:** Wählen Sie aus, an welchen Märkten und mit welchen Instrumenten (z. B. Aktien, Währungspaaren oder Rohstoffen) Sie handeln möchten.

4. Zeitrahmen und Handelsstil:
   - **Zeitrahmen:** Finden Sie heraus, welche Zeiträume für Sie als Händler am besten geeignet sind. Um von Kursschwankungen zu profitieren, die innerhalb eines einzigen Handelstages auftreten, nutzen Daytrader manchmal sehr kurze Zeiträume (Minuten oder Stunden).
   - **Handelsstil:** Wählen Sie eine Handelsstrategie, die am besten zu Ihnen passt, sei es Day Trading, Swing Trading oder Scalping (kurzfristige Gewinne).

5. Aufnahme- und Ausstiegskriterien:
   - **Einstiegssignale:** Legen Sie transparente Standards für den Einstieg in einen Handel fest. Technische Indikatoren, Muster in den Charts oder eine Mischung aus beidem können zusammen eine vielversprechende Handelsmöglichkeit anzeigen.
   - **Ausstiegsstrategien:** Sie sollten Stop-Loss-Aufträge und Gewinnmitnahmen einrichten, bevor Sie den Markt überhaupt berühren. Der Schlüssel zu einem effektiven Risikomanagement ist eine Strategie für Gewinn- und Verlustgeschäfte.

6. Positionsgrößenbestimmung und Hebelwirkung:
   - **Positionsgröße:** Legen Sie auf der Grundlage Ihrer Risikotoleranz und Ihres Gesamtkapitals die Höhe der einzelnen Einsätze fest. Dies gewährleistet, dass das Risikomanagement über mehrere Geschäfte hinweg einheitlich ist.
   - **Management der Hebelwirkung:** In Anbetracht der Tatsache, dass die Hebelwirkung Vorteile und Verluste verstärken kann, ist es wichtig, Kriterien für ihren sicheren Einsatz festzulegen.

7. Aufzeichnungen und Leistungsbewertung:
   - **Handelsprotokoll:** In einem gründlichen Handelsprotokoll sollten Sie jedes Geschäft dokumentieren, einschließlich der Gründe dafür, der Orte, an denen Sie ein- und

aussteigen, und des Ergebnisses. Mit Hilfe dieses Tagebuchs können Sie viel lernen und Ihr Vorgehen verfeinern.

- **Leistungsmetriken:** Legen Sie wichtige Leistungsindikatoren zur Bewertung Ihrer Handelsstrategie fest. Das Portfoliowachstum, die durchschnittliche Rendite pro Transaktion und das Gewinn-Verlust-Verhältnis sind einige Beispiele dafür.

8. Kontinuierliches Lernen und Anpassung:
   - **Bildungsziele:** Um über die neuesten Marktnachrichten, Handelstaktiken und Umstände auf dem Laufenden zu bleiben, ist es eine gute Idee, die Weiterbildung zu einer Priorität zu machen.
   - **Anpassungsfähigkeit:** Sie sollten Ihre Handelsstrategie an die sich ständig ändernden Marktbedingungen anpassen. Ziehen Sie Bilanz über Ihre Fortschritte und nehmen Sie bei Bedarf Anpassungen vor, um neuen Informationen und veränderten Marktbedingungen Rechnung zu tragen.

Indem Sie diese Aspekte methodisch berücksichtigen, können Sie einen umfassenden Handelsplan erstellen, der Ihnen als Richtschnur für Ihre täglichen Operationen dient und langfristig zu Ihrem Handelserfolg beiträgt.

- Einen realistischen Zeitplan erstellen

Die schnelllebige Welt der Finanzmärkte kann für Daytrader überwältigend sein, wenn sie nicht eine realistische und disziplinierte Routine entwickeln. Die Fähigkeit, Chancen zu ergreifen und Risiken zu mindern, hängt davon ab, dass Händler gut vorbereitet sind und einer regelmäßigen Routine folgen.

1. **Vorbereitung der Markteröffnung:**
   - **Vorbörsliche Analyse:** Nehmen Sie sich etwas Zeit, bevor der Markt beginnt, um die Nachrichten, vorbörsliche Statistiken und die Ereignisse des Vorabends zu prüfen. Finden Sie heraus, wie sich der Markt entwickelt und ob es Handelsmöglichkeiten gibt, die Ihren Plan beeinflussen könnten.
   - **Watchlist überprüfen:** Schauen Sie sich die Werte an, die Sie für den heutigen Tag auf Ihre Watchlist gesetzt haben. Denken Sie dabei an Dinge wie bevorstehende wirtschaftliche Ereignisse, wichtige Nachrichten und frühere Marktbewegungen in Bezug auf die Instrumente, die Sie handeln möchten.
2. **Handelszeiten:**
   - **Primäre Handelszeiten:** Legen Sie während der geschäftigsten und volatilsten Zeiten des Marktes bestimmte Stunden für den aktiven Handel fest. Die Öffnungszeiten der wichtigsten Finanzmärkte fallen in der Regel mit diesen Zeiten zusammen.
   - **Ausführung von Geschäften:** Führen Sie die geplanten Geschäfte gemäß den von Ihnen festgelegten Parametern aus. Halten Sie die Augen offen für Veränderungen in der Branche und seien Sie flexibel.

- **Kontinuierliche Überwachung:** Behalten Sie den Markt und Ihre offenen Positionen regelmäßig im Auge. Halten Sie sich über alle Nachrichten auf dem Laufenden, die sich auf Ihren Handel auswirken können.

3. **Mittagsüberprüfung und -anpassung:**
   - **Leistung auswerten:** Bevor Sie Ihre Handelsergebnisse auswerten, machen Sie eine Mittagspause. Analysieren Sie die Ergebnisse Ihrer Transaktionen, finden Sie heraus, wo Ihr Ansatz falsch war, und beheben Sie ihn.
   - **Anpassung an Marktveränderungen:** Die Marktphasen am Morgen und am Nachmittag können unterschiedliche Muster aufweisen. Reagieren Sie auf veränderte Marktbedingungen, indem Sie flexibel vorgehen.

4. **Analyse nach der Markteinführung:**
   - **Überprüfung bei Marktschluss:** Nehmen Sie sich nach Börsenschluss etwas Zeit, um alle Ihre Geschäfte des Tages sorgfältig zu analysieren. Bewerten Sie Ihre Fortschritte, notieren Sie Ihre Erfolgstaktiken und nehmen Sie Ihre Fehler zur Kenntnis.
   - **Bereiten Sie sich auf den nächsten Tag vor:** Nutzen Sie die Zeit nach Börsenschluss, um Ihre Watchlist zu aktualisieren, Nachanalysen durchzuführen und sich auf den nächsten Handelstag vorzubereiten. Informieren Sie sich darüber, was über Nacht passieren und Ihre Positionen beeinflussen könnte.

5. **Pädagogische Aktivitäten:**
   - **Kontinuierliches Lernen:** Nehmen Sie sich Zeit, um sich weiterzubilden. Halten Sie sich über technologische Entwicklungen, Markttrends und neue Handelstaktiken auf dem Laufenden. Mit der Zeit werden sich Ihre Handelsfähigkeiten durch dieses Engagement verbessern.
   - **Überprüfung der Marktnachrichten:** Um sich über Markttrends und die Anlagen, an denen Sie interessiert sind, auf dem Laufenden zu halten, sollten Sie sich über Finanznachrichten und Wirtschaftsdaten informieren.

6. **Risikomanagement und emotionales Wohlbefinden:**
   - **Überprüfen Sie die Risikomanagement-Strategien:** Stellen Sie sicher, dass Sie Ihre Risikomanagementpläne regelmäßig überprüfen. Vergewissern Sie sich, dass Ihre Handelsstrategie, Ihre Risikotoleranz und Ihre Positionsgrößen in Einklang stehen.
   - **Emotionaler Check-in:** Um Ihre geistige und emotionale Gesundheit in Schach zu halten und mit Stress umzugehen, sollten Sie während des Handelstages Pausen einlegen. In der schnelllebigen und emotional anstrengenden Welt des Daytradings ist Selbstbeherrschung eine wesentliche Voraussetzung für fundierte Entscheidungen.

7. **Routine-Optimierung:**
   - **Reflektieren und Optimieren:** Überprüfen Sie Ihren Zeitplan und Ihre Handelsroutine in regelmäßigen Abständen. Finden Sie heraus, was Sie erfolgreich macht und wo Sie Änderungen zum Besseren vornehmen können. Maximieren Sie die Produktivität und minimieren Sie den Stress, indem Sie Ihren Kalender optimieren.

Beständigkeit: Behalten Sie die Regelmäßigkeit Ihrer täglichen Aktivitäten bei. Langfristiger Erfolg im Daytrading hängt mit der Entwicklung gesunder Gewohnheiten und der Festigung der Disziplin zusammen.

Denken Sie daran, dass der Handel nur ein Teil eines realistischen Zeitplans ist; Sie müssen auch Zeit für Forschung, Planung und Ihre eigene Gesundheit und Zufriedenheit einplanen. Die Grundlage für fundierte Entscheidungen und langfristigen Erfolg im Daytrading ist eine geregelte Routine.

Die Wahl des richtigen Brokers und der richtigen Plattform

Daytrader müssen ihre Optionen sorgfältig abwägen, bevor sie sich für einen Broker und eine Handelsplattform entscheiden. Die Leichtigkeit, mit der Sie Geschäfte abschließen können, hängt in hohem Maße von der Effizienz, der Zuverlässigkeit und der Funktionalität ab, die diese Instrumente bieten. Denken Sie an diese Dinge, bevor Sie sich für eine Daytrading-Plattform und einen Broker entscheiden:

1. **Handelsgebühren und Provisionen:**
   - **Provisionsstruktur:** Analysieren Sie die Provisionsstruktur des Brokers. Je nach Broker werden Ihnen feste Kosten pro Handel, pro Aktie oder pro Kontrakt berechnet. Finden Sie die kostengünstigste Lösung, indem Sie den Umfang und die Häufigkeit Ihrer Transaktionen berücksichtigen.
   - **Versteckte Gebühren:** Achten Sie auf unerwartete Zahlungen, etwa für die Kontoführung oder Inaktivität. Um die Kosten genau analysieren zu können, ist eine klare Preisstruktur erforderlich.
2. **Ausführungsgeschwindigkeit und -zuverlässigkeit:**
   - **Ausführung von Aufträgen:** Wählen Sie einen Broker, der dafür bekannt ist, dass er Aufträge umgehend ausführt. Wenn Ihre Aufträge nicht schnell genug ausgeführt werden, kommt es zu Kursverlusten, die Ihre Handelsgewinne schmälern.
   - **Stabilität der Plattform:** Sie wollen nicht auf Möglichkeiten verzichten, weil die Handelsplattform instabil ist. Eine zuverlässige Plattform garantiert, dass Sie jederzeit Geschäfte abschließen können.
3. **Verfügbare Märkte und Instrumente:**
   - **Marktzugang:** Bevor Sie mit einem Broker handeln, sollten Sie sicherstellen, dass dieser Zugang zu den Märkten und Instrumenten bietet, die Sie nutzen möchten. Dies umfasst alle Anlageklassen, die Ihr Interesse wecken, einschließlich Aktien, Optionen, Futures, Devisen, Kryptowährungen und mehr.
   - **Internationale Märkte:** Vergewissern Sie sich, dass Ihr Broker Ihnen Zugang zu ausländischen Märkten verschafft und Ihnen die Daten und Recherchen zur Verfügung stellt, die Sie benötigen, wenn Sie beabsichtigen, auf globaler Ebene zu handeln.

4. **Forschungs- und Analysewerkzeuge:**
   - **Charting-Software:** Finden Sie heraus, wie gut die Charting-Software des Brokers funktioniert. Um eine effiziente technische Analyse durchzuführen, benötigen Sie Funktionen wie technische Indikatoren, Zeichenwerkzeuge und anpassbare Modi.
   - **Forschungsberichte:** Sie sollten sich über das Bildungsangebot des Maklers informieren, z. B. über Forschungsberichte und Marktanalysen. Der Zugang zu einschlägigen Daten kann bei der Entscheidungsfindung helfen.
5. **Benutzerfreundlichkeit und Schnittstelle der Plattform:**
   - **Benutzerfreundliche Oberfläche:** Wählen Sie ein System, das einfach zu verstehen und zu bedienen ist. Mit einem übersichtlichen und benutzerfreundlichen Design läuft der Handelsprozess reibungsloser ab.
   - **Anpassungsmöglichkeiten:** Versuchen Sie, Plattformen zu finden, bei denen Sie die Einstellungen so anpassen können, dass sie für Ihren Handelsstil geeignet sind. Um die Produktivität zu steigern, müssen Sie lediglich die Fenster neu anordnen, Watchlists erstellen und die Layouts anpassen.
6. **Merkmale des Risikomanagements:**
   - **Auftragsarten:** Vergewissern Sie sich, dass Sie bei Ihrem Broker eine Vielzahl von Auftragsarten verwenden können, z. B. Markt-, Limit-, Stop- und bedingte Aufträge. Eine Vielzahl von Auftragsarten verbessert Ihre Fähigkeit, effiziente Risikomanagement-Taktiken anzuwenden.
   - **Risikowarnungen:** Um Ihnen zu helfen, informiert zu bleiben und schnelle Entscheidungen zu treffen, bieten einige Plattformen Dienste wie Echtzeit-Benachrichtigungen bei Marktschwankungen oder Nachrichtenereignissen.
7. **Kundenbetreuung:**
   - **Verfügbarkeit:** Überlegen Sie, wie schnell und einfach der Kundendienst zu erreichen ist. Es ist sehr wichtig, einen reaktionsschnellen Kundendienst anzubieten, insbesondere während der Marktzeiten, wenn schnelle Hilfe benötigt wird.
   - **Kommunikationskanäle:** Prüfen Sie die verschiedenen Kontaktmöglichkeiten mit dem Kundendienst, einschließlich E-Mail, Telefon und Live-Chat. Ein Broker, der verschiedene Möglichkeiten der Unterstützung anbietet, ist flexibel.
8. **Einhaltung von Vorschriften und Sicherheit:**
   - **Regulatorische Aufsicht:** Prüfen Sie die verschiedenen Kontaktmöglichkeiten zum Kundendienst, einschließlich E-Mail, Telefon und Live-Chat. Ein Broker, der verschiedene Möglichkeiten der Unterstützung anbietet, ist flexibel.
   - **Sicherheitsmaßnahmen:** Prüfen Sie die Sicherheitsfunktionen, die der Broker zum Schutz Ihres Geldes und Ihrer persönlichen Daten installiert hat. Zu den Sicherheitsfunktionen gehören Dinge wie Verschlüsselung und Zwei-Faktor-Authentifizierung.
9. **Marge und Hebelwirkung:**

- **Einschussanforderungen:** Informieren Sie sich über die Richtlinien und Einschussanforderungen des Brokers. Die Margin-Vorschriften eines Brokers können sich auf den Handelsansatz eines anderen Brokers auswirken.
- **Hebel-Optionen:** Überprüfen Sie die verfügbaren Hebeloptionen, wenn Sie diese nutzen möchten. Sie sollten wissen, worauf Sie sich einlassen, und sicherstellen, dass die Hebeloptionen des Brokers für Ihre Risikobereitschaft geeignet sind.

10. **Pädagogische Ressourcen:**
    - **Schulungsmaterial:** Einige Broker stellen Händlern Webinare, Lehrmaterial und andere Lehrmittel zur Verfügung. Wer gerade erst anfängt und seine Fähigkeiten verbessern möchte, kann diese Materialien sehr hilfreich finden.

Demo-Konten: Um ein Gefühl für den Handel zu bekommen, ohne unnötige Risiken einzugehen, suchen Sie nach einem Broker, der Demokonten anbietet.

Überlegen Sie, wie sich diese Aspekte auf Ihren Handelsstil und Ihre Ziele auswirken werden, bevor Sie sich für einen Broker und eine Plattform entscheiden. Vergewissern Sie sich, dass der von Ihnen gewählte Broker alle Ihre Anforderungen als Daytrader erfüllt, indem Sie Ihre Hausaufgaben machen und Dienstleistungen vergleichen.

- Demo-Handel zum Üben

Für Daytrader aller Qualifikationsstufen ist der Demohandel - manchmal auch als Papierhandel bezeichnet - ein unschätzbares Instrument. Die Teilnehmer können ihre Handelstechniken verfeinern, ein Gefühl für die Plattform bekommen und ihr Selbstvertrauen stärken, ohne eigenes Geld riskieren zu müssen. Hier erfahren Sie alles über die Verwendung eines Demokontos zum Üben des Handels:

1. **Risikofreies Lernen:**
   - **Simulation der realen Marktbedingungen:** Eine Möglichkeit, den Handel zu üben, ohne wirklich Geld aufs Spiel zu setzen, ist die Nutzung eines Demokontos. Auf diese Weise können die Händler den Puls der realen Märkte fühlen, ohne finanzielle Risiken einzugehen.
   - **Lernen Sie die Grundlagen:** Um ein Gefühl für die Handelsoberfläche, Ordertypen und die Platzierung von Trades zu bekommen, können Anfänger Demokonten nutzen.
2. **Strategieentwicklung:**
   - **Handelsstrategien testen:** Um ihre Handelstaktiken zu verfeinern, können Daytrader Demokonten nutzen. Testen Sie dazu verschiedene Start- und Endpositionen, Methoden des Risikomanagements und Laufzeiten.
   - **Bewertung der Effektivität:** Händler können testen, wie gut ihre Methoden in verschiedenen Marktszenarien funktionieren, indem sie simulierte Transaktionen

durchführen. Mit diesen Informationen lassen sich die Vorzüge und Schwächen ihres Ansatzes besser verstehen.

3. **Vertrautheit mit der Handelsplattform:**
   - **Plattform-Erkundung:** Händler können die Funktionen und Möglichkeiten einer Handelsplattform mit einem Demokonto testen. Dazu gehören Dinge wie die Verwendung technischer Analysetools, das Studium von Charts und die Ausführung von Aufträgen.
   - **Anpassungen und Einstellungen:** Händler haben die Möglichkeit, ihren Arbeitsbereich zu personalisieren, Watchlists zu erstellen und die Einstellungen nach ihren Wünschen zu verändern. Dadurch wird der Übergang zum Live-Handel reibungslos und effizient gestaltet.

4. **Vertrauen aufbauen:**
   - **Emotionale Kontrolle:** Mit Hilfe eines Demokontos können Händler üben, ihre Emotionen zu kontrollieren. Es hilft Kindern, Selbstbeherrschung zu lernen, indem sie gewinnen und verlieren können, ohne unter dem Druck von echtem Geld zu stehen.
   - **Vertrauen in Strategien gewinnen:** Wenn Händler sehen, dass ihre Strategien in einer simulierten Umgebung erfolgreich sind, wächst das Vertrauen in ihre Vorgehensweise. Dieses Vertrauen ist beim Übergang zum Live-Handel von Vorteil.

5. **Die Dynamik des Marktes verstehen:**
   - **Marktbeobachtung:** Mit Hilfe des Demohandels können Anleger beobachten, wie der Markt auf Nachrichtenereignisse, Preisänderungen und das Auftragsvolumen reagiert. Das Verhalten des Marktes kann mit Hilfe dieses Beobachtungslernens besser verstanden werden.
   - **Anpassungsfähigkeit:** Händler können ihre Fähigkeiten verbessern, auf unvorhersehbare Marktveränderungen zu reagieren, ohne unnötige Risiken einzugehen. Dieses Talent ist für den Live-Handel unerlässlich, da es Ihnen ermöglicht, schnelle Entscheidungen und Änderungen vorzunehmen.

6. **Neue Ideen testen:**
   - **Experimentieren:** Händler können mit Demokonten verschiedene Strategien und Taktiken ausprobieren und die Rückmeldungen nutzen, die sie erhalten. Durch diesen wiederholten Prozess können die Handelsmethoden fein abgestimmt werden.
   - **Aus Fehlern lernen:** Eine Demo-Umgebung ist ein großartiger Ort, um aus Fehlern zu lernen. Ohne sich Sorgen machen zu müssen, Geld zu verlieren, können Händler herausfinden, was schief gelaufen ist, warum, und wie man es beheben kann.

7. **Der Übergang zum Live-Handel:**
   - **Schrittweiser Übergang:** Händler können den Einstieg in den Live-Handel mit echtem Geld erst dann wagen, wenn sie in einer Demo-Umgebung Vertrauen aufgebaut haben und regelmäßig Erfolge vorweisen können.

Umsetzung der gelernten Lektionen: Eine Verbesserung des Gesamterfolgs beim realen Handel ist möglich, wenn man die beim Demohandel gelernten Lektionen anwendet, z. B. effektive Taktiken und Methoden für das Risikomanagement.

Zusammenfassend lässt sich sagen: Wenn Sie ein guter Daytrader werden wollen, ist der Demohandel ein Muss. Erwerben Sie das Wissen, die Fähigkeiten und das Selbstvertrauen, um die Feinheiten der realen Finanzmärkte in einer risikofreien Umgebung zu bewältigen.

Kapitel 2
Marktgrundlagen

Verstehen der Markttypen

- Bullenmärkte vs. Bärenmärkte

Marktstimmung und -tendenzen schwanken während des zyklischen Bestehens der Finanzmärkte. Die Marktbedingungen und die Stimmung der Anleger spiegeln sich in zwei Haupttypen von Märkten wider: Bullenmärkte und Bärenmärkte.

1. Bullenmärkte:
   - Merkmale:
     - **Preissteigerungen:** In Hausse-Märkten tendieren die Werte von Vermögenswerten dazu, im Laufe der Zeit stetig zu steigen. Bei Aktien, Rohstoffen und anderen Finanzinstrumenten ist ein stetiger Preisanstieg zu beobachten.
     - Bullenmarkt-Anleger neigen dazu, positiv in die Zukunft zu blicken. Aufgrund guter Wirtschaftsdaten, robuster Unternehmensgewinne und günstiger Umstände herrscht eine optimistische Stimmung.
     - Die Anleger versuchen, von den steigenden Preisen zu profitieren, so dass die Kaufaktivität zugenommen hat. Das Handelsvolumen nimmt in Haussezeiten tendenziell zu.
   - Dauer:

- **Variiert:** Eine Hausse kann von kurzer oder langer Dauer sein. Aufgrund steigender Einkommen, sinkender Zinssätze und einer optimistischen Investitionseinstellung kann sie eine Weile andauern.
- Das Verhalten der Anleger:
  - **Risikobereitschaft:** Während eines Bullenmarktes zeigen die Anleger oft eine größere Risikobereitschaft. Die Anleger gehen risikofreudiger vor, weil sie glauben, dass der Markt die Fähigkeit hat, weiter zu steigen.
- Strategien:
  - **Kaufen und Halten:** Der Ansatz des "Kaufens und Haltens" wird in Zeiten des Marktaufschwungs häufiger angewandt. Der Wert eines Gegenstands kann im Laufe der Zeit steigen, weshalb manche Menschen ihr Geld in diesen Gegenstand investieren.
- Beispiele:
  - **Aktienmarkt-Rallye 2009-2020:** Ein Beispiel für einen lang anhaltenden Bullenmarkt ist der Anstieg der Aktienkurse nach der Finanzkrise 2008. Die Aktienmärkte haben von 2009 bis 2020 eine Menge Geld verdient.

2. Bärenmärkte:
- Merkmale:
  - **Fallende Preise:** Kennzeichnend für einen Bärenmarkt ist ein steiler und anhaltender Rückgang der Werte von Vermögenswerten. Anhaltende Preisrückgänge sind bei Aktien, Rohstoffen und anderen Finanzinstrumenten zu beobachten.
  - **Pessimistische Stimmung:** Kennzeichnend für einen Bärenmarkt ist ein steiler und anhaltender Rückgang der Vermögenswerte. Anhaltende Preisrückgänge sind bei Aktien, Rohstoffen und anderen Finanzinstrumenten zu beobachten.
  - **Erhöhte Verkaufsaktivität:** Die Verkäufer sind in großer Zahl unterwegs, da die Anleger versuchen, ihre Verluste angesichts der fallenden Vermögenswerte so weit wie möglich zu begrenzen.
- Dauer:
  - **Variiert:** Die Dauer eines Bärenmarktes kann unterschiedlich sein. Einige dauern vielleicht gar nicht lange, während andere - wie in Zeiten des wirtschaftlichen Abschwungs - eine ganze Weile andauern können.
- Das Verhalten der Anleger:
  - **Risikoscheu:** Bärenmärkte lassen Anleger vorsichtig werden, wenn es darum geht, Risiken einzugehen. Der Kapitalerhalt ist das vorrangige Ziel, und die Techniken können sich ändern, um defensiver oder schützender zu sein.
- Strategien:
  - **Leerverkäufe:** Manche Anleger versuchen, von fallenden Vermögenspreisen zu profitieren, indem sie ihre Bestände während einer Baisse leerverkaufen. Die Idee ist, die geliehenen Vermögenswerte zu verkaufen und sie dann zu einem günstigeren Preis zurückzukaufen.

- Beispiele:
  - **Finanzkrise 2008:** Ein Extremfall eines Bärenmarktes ist die Finanzkrise von 2008. Die Subprime-Hypothekenkrise und die darauffolgenden wirtschaftlichen Schwierigkeiten führten dazu, dass mehrere Finanzmärkte zu dieser Zeit einen starken Einbruch erlebten.

3. Der Übergang zwischen Bullen- und Bärenmärkten:
   - **Zyklischer Charakter:** Der Markt durchläuft häufig zyklische Auf- und Abschwünge. Diese Bewegungen werden durch Veränderungen der Marktstimmung, der wirtschaftlichen Bedingungen und der geopolitischen Ereignisse beeinflusst.

Wichtige Indikatoren: Marktveränderungen werden durch Wirtschaftsdaten, Gewinnankündigungen und die Politik der Zentralbanken beeinflusst. Um Veränderungen der Marktlage vorhersehen zu können, müssen die Anleger diese Anzeichen genau im Auge behalten.

Um ein effektives Risikomanagement zu betreiben und Strategien zu entwickeln, müssen Händler und Anleger genau wissen, was einen Bullenmarkt und einen Bärenmarkt ausmacht. Anleger und Händler können ihre Strategien und Portfolios an die Veränderungen der Markttypen anpassen, indem sie bestimmte Indikatoren im Auge behalten.

- Seitwärtsgerichtete Märkte

Wenn die Preise von Vermögenswerten keinem klaren und konsistenten Trend folgen, spricht man von einer Seitwärtsbewegung, einer Schwankungsbreite oder einer Konsolidierung des Marktes. Die Preise bilden auf den Preisdiagrammen ein horizontales oder seitwärts gerichtetes Muster, wenn sie sich in Zeiten der Seitwärtsbewegung innerhalb einer bestimmten Spanne bewegen. Die Aufwärts- oder Abwärtstendenzen, die in Bullen- und Bärenmärkten zu beobachten sind, unterscheiden sich von dieser Art von Markt. Die wichtigsten Merkmale von Seitwärtsmärkten sind folgende:

1. Preisspanne:
   - **Horizontale Bewegung:** Wenn sich der Markt seitwärts bewegt, neigen die Kurse dazu, ein bandbreitengebundenes Muster zu bilden und sich horizontal zu bewegen. Auf den Charts bildet sich ein horizontaler Kanal als Ergebnis der relativ begrenzten Hochs und Tiefs der Preisschwankungen.
2. Merkmale:
   - **Fehlen eines klaren Trends:** In einem Seitwärtsmarkt gibt es keinen erkennbaren und dauerhaften Trend. Innerhalb einer bestimmten Spanne folgen die Kurse nicht immer dem Muster von höheren Höchstständen und niedrigeren Tiefstständen (Aufwärtstrend) oder umgekehrt (Abwärtstrend).

- **Abgekoppelte Kursbewegungen:** Händler können abgehackte und sprunghafte Kursbewegungen mit häufigen Richtungswechseln beobachten. Dies kann es schwierig machen, eine vorherrschende Trendrichtung zu erkennen.

3. Ursachen für seitwärts tendierende Märkte:
   - **Unentschlossenheit des Marktes:** Wenn Käufer und Verkäufer unsicher sind, was sie tun sollen, kommt es zu einem Seitwärtsmarkt. Eine Reihe von Variablen kann dazu beitragen, z. B. geopolitische Unruhen, wirtschaftliche Unsicherheit oder die Erwartung wichtiger Wirtschaftsdaten.
   - **Konsolidierung nach Trends:** Auf Phasen starker Trends können auch Seitwärtsbewegungen folgen. Händler und Anleger können eine Verschnaufpause einlegen, ihre Positionen neu bewerten oder auf neue Informationen warten, bevor sie sich auf den nächsten Trend einlassen.

4. Handelsbereich:
   - **Unterstützung und Widerstand:** Innerhalb des Spektrums möglicher Preise suchen Händler nach Niveaus, die als Unterstützung oder Widerstand fungieren könnten. Die Kursentwicklung schwankt in der Regel um diese Niveaus, und ein Durchbruch über oder unter die Unterstützung kann auf eine mögliche Trendwende hindeuten.
   - **Range-Bound-Strategien:** In Seitwärtsmärkten ist der Einsatz von Range-Bound-Strategien unter Händlern üblich. Sie können beispielsweise die erwarteten Preisschwankungen ausnutzen, indem Sie in der Nähe von Unterstützungsniveaus kaufen und in der Nähe von Widerstandsniveaus verkaufen.

5. Indikatoren für seitwärts tendierende Märkte:
   - **Volatilitätsindikatoren:** Bollinger Bänder und andere Volatilitätsindikatoren können Ihnen dabei helfen, Seitwärtsphasen des Marktes zu erkennen, die durch eine geringe Volatilität gekennzeichnet sind.
   - **Gleitende Durchschnitte:** Bei schleppenden Märkten können gleitende Durchschnitte ein abflachendes Muster aufweisen, was darauf hindeutet, dass der Durchschnittspreis nicht beständig nach oben oder unten tendiert.

6. Dauer:
   - **Unterschiedliche Dauer:** Es gibt keine feste Zeitspanne für Seitwärtsmärkte. Manche halten sich nicht sehr lange, während andere sehr lange anhalten können. Die Variablen, die sich auf die Marktunsicherheit auswirken, bestimmen oft die Dauer.

7. Handel in seitwärts tendierenden Märkten:
   - **Range-Bound-Strategien:** Innerhalb der vorgegebenen Spanne können Händler rangebound Methoden wie Mean Reversion oder Trendfolge anwenden. Es ist üblich, in der Nähe von Unterstützungsniveaus zu kaufen und in der Nähe von Widerstandsniveaus zu verkaufen.
   - **Risikomanagement:** Aufgrund der Unvorhersehbarkeit von Seitwärtsmärkten ist es unerlässlich, Risikomanagement zu betreiben. Händler könnten strikte Stop-Loss-Orders verwenden und die Kursschwankungen genau beobachten, um mögliche Ausbrüche zu erkennen.

8. Übergang zu Trends:
   - **Ausbrüche:** Trends gehen häufig Seitwärtsmärkte voraus. Um die mögliche Entstehung eines neuen Trends zu erkennen, halten Händler nach Ausbrüchen Ausschau, die entweder über oder unter Unterstützungsniveaus auftreten.

Volumenanalyse: Wenn das Handelsvolumen nach einem Durchbruch ansteigt, kann dies bedeuten, dass der Markt von einer Seitwärtsbewegung in einen Trend übergeht.

Für Händler ist es von entscheidender Bedeutung, Seitwärtsmärkte zu verstehen und sich auf sie einzustellen. Händler können sich besser für mögliche Trendentwicklungen positionieren, nachdem der Markt wieder eine Richtung eingeschlagen hat, wenn sie sich dieser Marktbedingungen bewusst sind und ihre Taktik und ihr Risikomanagement entsprechend anpassen.

Einführung in Marktindikatoren

Bei der Analyse und Interpretation von Marktdaten stützen sich Händler und Anleger auf Marktindikatoren. Anhand dieser Indikatoren können Sie viel über die Marktdynamik, die Volatilität und die Kursbewegungen erfahren. Der Relative-Stärke-Index und die gleitenden Durchschnitte sind zwei beliebte Marktindikatoren (RSI).

1. Gleitende Durchschnitte:
   - **Definition:** Um aus Preisdaten eine einzige, glatte Linie zu bilden, verwenden Mathematiker gleitende Durchschnitte. Mit ihrer Hilfe lassen sich Trends, Umkehrungen und mögliche Unterstützungs- und Widerstandsniveaus besser erkennen.
   - Arten von gleitenden Durchschnitten:
     - **Einfacher gleitender Durchschnitt (SMA):** Mit Hilfe eines gewichteten Durchschnitts aller Datenpunkte über einen bestimmten Zeitraum ermittelt der SMA den Durchschnittspreis.
     - **Exponentieller gleitender Durchschnitt (EMA):** Da er den jüngsten Kursen mehr Gewicht beimisst, ist der EMA besser in der Lage, die Marktlage zu einem bestimmten Zeitpunkt wiederzugeben.
   - Verwendet:
     - **Erkennung von Trends:** Eine Möglichkeit, Muster in Preisveränderungen zu erkennen, ist die Verwendung von gleitenden Durchschnitten. Wenn die Steigung des gleitenden Durchschnitts ansteigt, kann man von einem Aufwärtstrend sprechen; wenn sie fällt, kann man von einem Abwärtstrend sprechen.
     - **Unterstützung und Widerstand:** Unterstützungs- und Widerstandsniveaus können mit Hilfe von gleitenden Durchschnitten dynamisch dargestellt werden.

Wenn die Kurse auf den gleitenden Durchschnitt treffen, kommt es häufig zu einem Rückzug oder einer Gegenbewegung.

- **Überkreuzungen:** Eine Trendumkehr lässt sich erkennen, wenn sich die kurzfristigen und langfristigen gleitenden Durchschnitte überkreuzen. Das Gegenteil eines Todeskreuzes, das auftritt, wenn die kurzfristigen Kurse unter die langfristigen Kurse fallen, ist ein goldenes Kreuz, das auf einen positiven Markt hinweist.
- **Beispiel:** Ein Aufwärtstrend kann im Gange sein, wenn die Kurse dauerhaft über ihrem einfachen gleitenden 50-Tage-Durchschnitt (SMA) liegen. Im Gegensatz dazu kann ein möglicher Abwärtstrend im Gange sein, wenn der Kurs anhaltend unter seinem einfachen gleitenden 200-Tage-Durchschnitt (SMA) bleibt.

2. Relative Stärke Index (RSI):

- **Definition:** Der Relative-Stärke-Index (RSI) ist ein Momentum-Oszillator, der die Geschwindigkeit und das Ausmaß von Kursänderungen verfolgt. Er wird in der Regel verwendet, um festzustellen, ob ein Markt überkauft oder überverkauft ist; sein Bereich liegt zwischen 0 und 100.
- **Berechnung:** Um den RSI zu bestimmen, wird der durchschnittliche Gewinn oder Verlust für einen bestimmten Zeitraum verwendet. Die Gleichung lautet 100 minus [100 geteilt durch (1 plus RS)], wobei RS der durchschnittliche Gewinn geteilt durch den durchschnittlichen Verlust ist.
- Auslegung:
  - **Überkaufte Bedingungen:** Überkaufte Bedingungen, die durch einen RSI-Wert von über 70 angezeigt werden, können darauf hindeuten, dass für den betreffenden Vermögenswert eine Umkehrung oder ein Rückgang bevorsteht.
  - **Überkaufte Bedingungen:** Wenn der Relative Strength Index (RSI) unter 30 fällt, deutet dies darauf hin, dass der Vermögenswert unterbewertet sein könnte und eine Erholung bevorstehen könnte.
- **Divergenz:** Der RSI und die Kursbewegungen können divergieren, was als Hinweis dienen kann. Wenn die Kurse neue Tiefststände erreichen, der RSI aber unverändert bleibt, spricht man von einer bullischen Divergenz. Sobald die Kurse neue Höchststände erreichen, der RSI aber darunter bleibt, spricht man von einer bärischen Divergenz.
- Verwendet:
  - **Trend-Bestätigung:** Wenn Sie wissen wollen, wie stark ein Trend ist, können Sie den RSI verwenden. Wenn ein Trend stark ist, ist der Relative-Stärke-Index (RSI) hoch; wenn ein Trend schwach ist, ist der RSI niedrig.
  - **Umkehrsignale:** Mögliche Trendumkehrungen können durch extrem hohe oder niedrige RSI-Werte (mehr als 70 oder weniger als 30) angezeigt werden. Diese Anzeichen könnten Händlern helfen, eine bessere Auswahl zu treffen.

Beispiel: Überkaufte Bedingungen, die durch einen RSI-Wert von über 70 angezeigt werden, können darauf hindeuten, dass ein Markt kurz vor einer Korrektur steht. Umgekehrt kann ein Vermögenswert überverkauft sein und vor einem Comeback stehen, wenn der RSI unter 30 liegt, was das Gegenteil vermuten lässt.

Für Händler, die die Marktlage einschätzen, Muster erkennen und fundierte Einschätzungen abgeben möchten, sind diese Marktindikatoren ein unschätzbares Werkzeug. Verwenden Sie diese Indikatoren zusammen mit anderen Analyseinstrumenten und behalten Sie den Marktkontext im Auge, um möglichst genaue Ergebnisse zu erzielen.

Analyse von Trends

Die Analyse von Trends ist ein grundlegender Aspekt der technischen Analyse beim Handel und bei Investitionen. Zu erkennen, ob sich ein Vermögenswert in einem Aufwärts- oder Abwärtstrend befindet, ist entscheidend, um fundierte Entscheidungen zu treffen. Hier erfahren Sie, wie Sie diese Trends erkennen und analysieren können:

Erkennen von Aufwärtstrends:

1. **Höhere Höchststände und höhere Tiefststände:**
   - Jeder neue Höchststand in einem Aufwärtstrend übertrifft den vorhergehenden.
   - In ähnlicher Weise ist die Höhe jedes nachfolgenden Tiefpunkts größer als die seines Vorgängers.
   - Dieser Trend zeigt, dass die Preise kontinuierlich steigen.
2. **Schräge gleitende Durchschnitte:**
   - Jeder neue Höchststand in einem Aufwärtstrend übertrifft den vorhergehenden.
   - In ähnlicher Weise ist die Höhe jedes nachfolgenden Tiefpunkts größer als die seines Vorgängers.
   - Dieser Trend zeigt, dass die Preise kontinuierlich steigen.
3. **Trendlinien:**
   - Eine Möglichkeit, einen Aufschwung visuell zu bestätigen, besteht darin, Trendlinien zu zeichnen, die die Tiefststände miteinander verbinden.
   - Der Aufschwung wird sich fortsetzen, solange die Kurse über der Aufwärtstrendlinie bleiben, die wie eine dynamische Unterstützungslinie wirkt.
4. **Volumenanalyse:**
   - In einem typischen Aufwärtstrend ist das Handelsvolumen größer, wenn die Kurse steigen, und geringer, wenn die Kurse fallen.
   - Die Zunahme des Volumens bei Preiserhöhungen ist ein Beleg für die Robustheit des Trends.
5. **Relative Stärke Index (RSI):**

- Bei steigenden Kursen bleibt der Relative-Stärke-Index (RSI) über 50, was darauf hindeutet, dass die Käufer die Verkäufer überwiegen.
- Überkaufte RSI-Situationen (über 70) sind zwar möglich, deuten aber nicht immer auf eine Trendwende hin.

Erkennen von Abwärtstrends:

1. **Niedrigere Hochs und niedrigere Tiefs:**
   - Jedes neue Hoch in einem Abwärtstrend ist niedriger als das vorherige.
   - Der Abwärtstrend wird noch dadurch verstärkt, dass jedes neue Tief tiefer liegt als das vorherige.
2. **Schräge gleitende Durchschnitte:**
   - In einem Abwärtstrend weisen gleitende Durchschnitte im Allgemeinen eine negative Steigung auf.
   - Wenn kurzfristige gleitende Durchschnitte unter längerfristige gleitende Durchschnitte fallen, kann dies einen Abwärtstrend bestätigen.
3. **Trendlinien:**
   - Eine Möglichkeit, einen Abschwung visuell zu bestätigen, besteht darin, Trendlinien zu zeichnen, die die Höchststände miteinander verbinden.
   - Der Abwärtstrend wird sich fortsetzen, solange die Kurse unter der Abwärtstrendlinie bleiben, die wie ein dynamisches Widerstandsniveau wirkt.
4. **Volumenanalyse:**
   - Wenn die Preise in einem Abwärtstrend fallen, ist das Handelsvolumen tendenziell höher als bei vorübergehend steigenden Preisen.
   - Der Abwärtstrend ist stärker, wenn das Volumen während des Rückgangs ansteigt.
5. **Relative Stärke Index (RSI):**
   - Wenn der Relative-Stärke-Index (RSI) während eines Abschwungs unter 50 bleibt, bedeutet dies, dass der Verkaufsdruck die Kaufnachfrage überwiegt.
   - Ein überverkaufter RSI (unter 30) deutet nicht immer auf eine Trendwende hin, obwohl dies durchaus vorkommt.

Wichtige Überlegungen:

- **Auswahl des Zeitrahmens:**
  - Der Zeitpunkt der Analyse kann dazu führen, dass die Trends unterschiedlich ausfallen. Ein Aufwärtstrend auf einem Tagesdiagramm kann an einem anderen Tag als Abwärtstrend angezeigt werden. Um ein Gesamtbild zu erhalten, sollten Sie mehrere Zeiträume betrachten.
- **Preisgefüge:**
  - Neben der Bestätigung von Trends oder möglichen Umkehrungen können auch Chartmuster wie Dreiecke, Flaggen und Kopf- und Schultermuster hilfreich sein.

- **Fundamentale Analyse:**
  - Neben der technischen Analyse sollten Sie auch über eine fundamentale Analyse nachdenken. Trends können durch Nachrichten, Wirtschaftsstatistiken und die Leistung von Unternehmen beeinflusst werden.
- **Marktbedingungen:**

Konjunkturzyklen, geopolitische Ereignisse und die Politik der Zentralbanken sind allesamt Beispiele für makroökonomische Faktoren, die sich auf Trends auswirken können.

Händler können erfolgreich Trends erkennen und bewerten, indem sie Techniken der technischen Analyse integrieren, Preisbewegungen nachvollziehen und größere Marktaspekte berücksichtigen. Um ein umfassendes Bild des Marktes zu erhalten, müssen Sie flexibel sein und eine Vielzahl von Indikatoren verwenden.

- Trendumkehrungen

Wenn sich der vorherrschende Trend der Kursbewegung eines Vermögenswerts ändert, spricht man von einer Trendumkehr. Um ihre Methoden entsprechend anpassen zu können, müssen Händler und Anleger in der Lage sein, diese Umkehrungen zu erkennen. Wichtige Anzeichen und Methoden zur Erkennung von Trendumkehrungen sind die folgenden:

1. Reversal Candlestick Patterns:

- **Engulfing-Patterns:** Wenn Sie Candlestick-Charts verwenden, halten Sie Ausschau nach Engulfing-Mustern, die auf eine Hausse- oder Baisse-Umkehr hinweisen.
- **Hammer und Sternschnuppe:** Zu den Indikatoren für mögliche Umkehrungen gehören ein Hammer am unteren Ende eines Abwärtstrends und ein Shooting Star am oberen Ende eines Aufwärtstrends.

2. Divergenz:

- **Regelmäßige Divergenz:** Wenn sich Momentum-Oszillatoren (wie RSI oder MACD) und Kurse in unterschiedliche Richtungen bewegen, spricht man von regelmäßiger Divergenz. Wenn die Kurse neue Tiefststände erreichen, der Oszillator aber nicht, kann dies bedeuten, dass eine Umkehr bevorsteht.
- **Versteckte Divergenz:** Wenn der Oszillator ein Kurshoch oder -tief nicht bestätigen kann, hat sich eine versteckte Divergenz gebildet. Dies kann darauf hinweisen, dass der aktuelle Trend wahrscheinlich anhalten wird.

3. Trendlinienbrüche:

- **Verletzung der Trendlinie:** Ein möglicher Umschwung kann durch einen flagranten Bruch einer bestehenden Trendlinie angezeigt werden, unabhängig davon, ob es sich um eine Aufwärts- oder Abwärtstrendlinie handelt.
- **Volumen-Bestätigung:** Das Umkehrsignal wird verstärkt, wenn nach einem Trendlinienbruch ein Anstieg des Volumens auftritt.

4. Gleitende Durchschnitte:

- **Kreuzung der gleitenden Durchschnitte:** Versuchen Sie zu erkennen, wann sich die gleitenden Durchschnitte der kurzen und der langen Frist überkreuzen. Ein Todeskreuz, bei dem die kurzfristigen Kurse unter die langfristigen fallen, würde auf eine Trendumkehr nach unten hindeuten, während ein goldenes Kreuz, bei dem die kurzfristigen Kurse über die langfristigen steigen, auf eine Trendumkehr nach oben hindeuten könnte.

5. Unterstützungs- und Widerstandsniveaus:

- **Umkehrung der Rolle:** Ein mögliches Anzeichen für eine Trendumkehr ist, wenn ein Niveau, das einmal Unterstützung war, zum Widerstand wird und umgekehrt.
- **Durchbruch oder Zusammenbruch:** Eine Umkehr kann durch einen klaren Durchbruch über ein Widerstandsniveau oder einen Rückgang unter ein Unterstützungsniveau angezeigt werden.

6. Kopf-Schulter-Muster:

- **Kopf und Schultern:** Bei diesem traditionellen Muster sind der erste und der dritte Gipfel niedriger, während der mittlere Gipfel, der oft als Kopf bezeichnet wird, höher ist. Eine mögliche Trendumkehr kann durch ein Kopf-Schulter-Muster angezeigt werden.

7. Abgerundete Oberteile und Unterteile:

- **Rounded Top: Bei einem** Aufwärtstrend kann sich eine Umkehr abzeichnen, wenn sich ein Rounded Top bildet. Eine rundere und flachere Spitze ersetzt allmählich die höheren.
- **Abgerundeter Boden:** In einem Abwärtstrend kann eine Trendwende bevorstehen, wenn der Boden abgerundet ist. Es scheint, als ob wir uns von flacheren, abgerundeten Tiefs zu einem flacheren, abgerundeten Hoch bewegen.

8. Veränderung der Trendmerkmale:

- **Verschiebung der Dynamik:** Achten Sie auf eine Veränderung der Geschwindigkeit, mit der sich die Kurse bewegen. Einem Umschwung kann eine erhebliche Verlangsamung der Aufwärts- oder Abwärtsbewegung vorausgehen.

9. Lückenanalyse:

- **Ausbruchslücken:** Wenn sich die Kurse von klar definierten Handelsspannen entfernen, öffnet sich eine Ausbruchslücke. Sie kann eine brandneue Modebewegung ankündigen.
- **Erschöpfungslücken:** Wenn nach einem starken Trend eine Erschöpfungslücke auftritt, kann dies bedeuten, dass der Trend an Kraft verliert und eine Umkehr bevorsteht.

10. Grundlegende Faktoren:

- **Wirtschaftsindikatoren:** Eine Trendwende kann durch veränderte geopolitische Spannungen, veränderte Unternehmensgewinne oder Veränderungen in der Wirtschaft verursacht werden.
- **Politische Veränderungen:** Marktbewegungen sind anfällig für Änderungen des regulatorischen Rahmens und geldpolitische Verschiebungen.

Wichtige Überlegungen:

- **Bekräftigung:** Um Ihren Glauben an eine Trendumkehr zu festigen, verwenden Sie verschiedene Zeichen und Signale, die diese bestätigen.
- **Analyse des Zeitrahmens:** Überlegen Sie, wie lange die Studie dauern wird. Eine Umkehrung ist bei einem kürzeren Zeitrahmen möglicherweise nicht so deutlich zu erkennen wie bei einem längeren.

Risikomanagement: Beim Handel mit voraussichtlichen Umkehrungen ist es wichtig, geeignete Risikomanagement-Taktiken anzuwenden, da diese Momente sehr unerwartet und volatil sein können.

Die Möglichkeit irreführender Signale sollte nicht unterschätzt werden, da keine Anzeige zu 100 % genau ist. Um die Genauigkeit ihrer Trendumkehrprognosen zu verbessern, setzen Händler häufig eine Mischung dieser Methoden ein. Die Vorhersage von Trendumkehrsignalen erfordert auch Kenntnisse über das Gesamtbild der Branche und die Beobachtung einschlägiger Nachrichten und Ereignisse.

Marktnachrichten und Wirtschaftsindikatoren

Wenn es darum geht, den allgemeinen Kurs der Finanzmärkte zu bestimmen, werden die Stimmung der Anleger und die Markttrends stark von Marktnachrichten beeinflusst. Lassen Sie mich erklären, wie Nachrichten die Märkte beeinflussen können:

1. **Marktstimmung:**
   - **Positive Nachrichten:** Als Reaktion auf positive Wirtschaftsdaten, Unternehmensgewinne oder geopolitische Entwicklungen kann das Vertrauen der Anleger gestärkt werden und die Kaufaktivität zunehmen.
   - **Negative Nachrichten:** Unsicherheit kann zu Verkaufsdruck führen, wenn schlechte Nachrichten auftauchen, wie z. B. Wirtschaftsabschwünge, geopolitische Konflikte oder schlechte Unternehmensgewinne.
2. **Volatilität:**
   - **Überraschungen:** Die Empfindlichkeit des Marktes gegenüber unerwarteten Entwicklungen ist ein bekanntes Phänomen. Schnelle Kursänderungen können durch unerwartete Ereignisse verursacht werden, unabhängig davon, ob sie positiv oder negativ sind.
   - **Risikoscheu:** Wenn Anleger schlechte oder unsichere Nachrichten hören, neigen sie zur Risikoaversion und suchen nach sicheren Anlagen.
3. **Sektor- und anlagespezifisch:**
   - **Auswirkungen auf den Sektor:** Die Auswirkungen von Nachrichten auf verschiedene Branchen können unterschiedlich sein. Wenn es gute Nachrichten über technologische Entwicklungen gibt, könnten Tech-Aktien steigen, aber wenn es schlechte Nachrichten über Rohstoffpreise gibt, könnten die Sektoren Energie und Bergbau fallen.
   - **Auswirkungen auf die Währung:** Nachrichten können die Währungsmärkte beeinflussen und sich auf die Wechselkurse auswirken. Die Veröffentlichung von Wirtschaftsdaten und Erklärungen der Zentralbanken sind besonders einflussreich.
4. **Langfristige Trends:**
   - **Grundlegende Veränderungen:** Die Tendenz der Märkte, langfristig den Nachrichten zu folgen, kann durch bemerkenswerte Ereignisse wie Änderungen in der Wirtschaftspolitik, große geopolitische Entwicklungen oder Veränderungen in der Dynamik des internationalen Handels beeinflusst werden.
5. **Mitteilungen der Zentralbank:**
   - **Zinssätze:** Die Devisenmärkte sowie die Aktien- und Anleihemärkte reagieren sehr empfindlich auf Äußerungen und Maßnahmen der Zentralbanken, insbesondere auf solche, die sich auf die Zinssätze beziehen.
6. **Markterwartungen:**
   - **Antizipation:** Die Märkte reagieren häufig auf Nachrichten, und zwar sowohl auf die Nachrichten selbst als auch auf das Ausmaß, in dem sie den Markterwartungen

entsprechen oder von ihnen abweichen. Erhebliche Marktverschiebungen können auftreten, wenn die Vorhersagen vom allgemeinen Konsens abweichen.

7. **Algorithmischer Handel:**

Automatisierte Antworten: Schnelle und automatische Handelsantworten sind in der Regel das Ergebnis von Nachrichten-Feeds und Algorithmen, die so eingestellt sind, dass sie auf bestimmte Phrasen oder Schlüsselwörter reagieren.

Kritische wirtschaftliche KPIs zur Überwachung:

Um den Zustand einer Wirtschaft einschätzen und fundierte Investitionsentscheidungen treffen zu können, ist es wichtig, wichtige Wirtschaftsindikatoren zu kennen und zu verfolgen. Behalten Sie diese wichtigen Wirtschaftsindikatoren im Auge:

1. **Bruttoinlandsprodukt (BIP):**
   - **Definition:** Das BIP ist ein Maß für die Wirtschaftsleistung eines Landes, d. h. für den Geldwert aller in einem bestimmten Zeitraum produzierten Endprodukte und Dienstleistungen.
   - **Auswirkungen:** Das wirtschaftliche Wohlergehen eines Landes lässt sich an der Wachstumsrate des BIP ablesen. Eine robuste Wirtschaft ist durch ein positives Wachstum gekennzeichnet.
2. **Arbeitslosenquote:**
   - **Definition:** Der Anteil der Erwerbsbevölkerung, der jetzt arbeitslos ist und nach Arbeit sucht.
   - **Auswirkungen:** Wirtschaftliche Schwierigkeiten können sich durch hohe Arbeitslosenquoten bemerkbar machen, während ein starker Arbeitsmarkt durch niedrige Quoten angezeigt wird.
3. **Verbraucherpreisindex (VPI):**
   - **Definition:** Die von den Verbrauchern für Waren und Dienstleistungen gezahlten Preise werden durch den Verbraucherpreisindex (VPI) erfasst.
   - **Auswirkungen:** Ein Rückgang der Kaufkraft aufgrund von Deflation oder steigender Inflation ist ein möglicher Indikator für eine wirtschaftliche Verschlechterung. Als Instrument für geldpolitische Entscheidungen schauen die Zentralbanken häufig auf den VPI.
4. **Zinssätze:**
   - **Definition:** Die Zinssätze werden von den Zentralbanken festgelegt, um die Kosten der Kreditaufnahme und die Wirtschaftstätigkeit zu beeinflussen.
   - **Auswirkungen:** Der Wert von Währungen, Investitionsentscheidungen und Verbraucherausgaben sind alle anfällig für Zinsschwankungen.
5. **Einzelhandelsumsätze:**

- **Definition:** Die Summe aller von Einzelhändlern verkauften Produkte wird als Einzelhandelsumsatz bezeichnet.
- Wirkung: Steigende Einzelhandelsumsätze deuten auf zufriedene Kunden und eine florierende Wirtschaft hin.

6. **Wohnungsmarktindikatoren:**
   - **Baubeginne:** Die Zahl der neuen Wohnungsbauprojekte.
   - **Verkäufe bestehender Häuser:** Die Zahl der abgeschlossenen Hausverkäufe.
   - **Auswirkungen:** Wohnungsmarktindikatoren spiegeln das Verbrauchervertrauen und die allgemeine wirtschaftliche Gesundheit wider.

7. **Einkaufsmanagerindex für das verarbeitende Gewerbe (PMI):**
   - **Definition:** Der PMI misst die wirtschaftliche Gesundheit des verarbeitenden Gewerbes.
   - **Auswirkungen:** Ein PMI über 50 deutet auf eine Expansion hin, während ein Wert unter 50 auf eine Kontraktion hindeutet.

8. **Handelsbilanz:**
   - **Definition:** Die Differenz zwischen den Exporten und Importen eines Landes.
   - **Auswirkungen:** Ein Handelsüberschuss kann ein Zeichen für wirtschaftliche Stärke sein, während ein Defizit Anlass zur Sorge gibt.

9. **Index des Verbrauchervertrauens:**
   - **Definition:** Ein umfragebasierter Index, der das Vertrauen der Verbraucher in die wirtschaftliche Lage misst.
   - **Auswirkung:** Ein hohes Verbrauchervertrauen korreliert häufig mit steigenden Ausgaben und Wirtschaftswachstum.

10. **Ergebnisberichte:**
    - **Unternehmensgewinne:** Verfolgen Sie regelmäßig die Gewinnberichte der wichtigsten Unternehmen in verschiedenen Sektoren.
    - **Auswirkungen:** Hohe Unternehmensgewinne können die Aktienkurse positiv beeinflussen.

11. **Höhe der Staatsverschuldung:**
    - **Verschuldung im Verhältnis zum Bruttoinlandsprodukt:** Misst die Verschuldung eines Landes im Verhältnis zu seiner Wirtschaftsleistung.
    - **Auswirkungen: Ein** hoher öffentlicher Schuldenstand im Verhältnis zum BIP kann Bedenken hinsichtlich der Tragfähigkeit der öffentlichen Finanzen aufkommen lassen.

12. **Erwerbsbeteiligungsquote:**
    - **Definition:** Der Prozentsatz der Bevölkerung im erwerbsfähigen Alter, der entweder beschäftigt ist oder aktiv eine Beschäftigung sucht.

Auswirkungen: Niedrige Teilnahmequoten könnten ein Hinweis auf desillusionierte Arbeitnehmer oder systemische Probleme auf dem Arbeitsmarkt sein.

Die Beobachtung dieser Wirtschaftsindikatoren kann Aufschluss über den Zustand der Gesamtwirtschaft, Trends und Investitionsentscheidungen geben. Um fundierte Finanzentscheidungen zu treffen, nutzen Händler und Anleger häufig eine Mischung dieser Indikatoren und berücksichtigen dabei sowohl die kurzfristige als auch die langfristige Perspektive.

Risikomanagement-Strategien

Erfolgreiche Händler und Anleger wissen, wie wichtig das Risikomanagement ist. Die Festlegung von Stop-Loss- und Take-Profit-Levels sowie die Dimensionierung von Positionen sind zwei wesentliche Strategien des Risikomanagements:

Festlegen von Stop-Loss- und Take-Profit-Levels:

1. Stop-Loss-Levels:

- **Definition:** Um mögliche Verluste zu verringern, verwenden Händler und Anleger Stop-Loss-Aufträge, d. h. feste Kurse, zu denen ein Geschäft beendet werden soll.
- **Zweck:**
  - **Risikobegrenzung:** Hilft Ihnen, hohe Verluste zu vermeiden, indem Sie einen Auslöser für den Ausstieg festlegen, wenn der Kurs gegen Sie läuft.
  - **Emotionale Disziplin:** Hilft Händlern, in Zeiten der Marktvolatilität einen kühlen Kopf zu bewahren.
- **Zu berücksichtigende Faktoren:**
  - **Volatilität:** Legen Sie Ihre Stop-Loss-Niveaus unter Berücksichtigung der üblichen Volatilität des Kurses des Vermögenswerts fest.
  - **Technische Niveaus:** Setzen Sie Stop-Loss-Aufträge bei wichtigen technischen Niveaus wie Unterstützung oder Widerstand.
  - **Risiko-Ertrags-Verhältnis:** Legen Sie die Stop-Loss-Einstellungen in Übereinstimmung mit dem angestrebten Risiko-Ertrags-Verhältnis des Handels fest.

2. Take-Profit-Levels:

- **Definition:** Eine Möglichkeit für Anleger und Händler, Gewinne zu sichern, ist ein Take-Profit-Auftrag, der den Preis festlegt, zu dem das Geschäft beendet wird.
- **Zweck:**
  - **Gewinnabsicherung:** Stellt sicher, dass gewinnbringende Geschäfte bei vorher festgelegten Werten geschlossen werden.
  - **Zielerreichung:** Hilft Händlern, ihre ursprünglichen Handelsziele zu erreichen.
- **Zu berücksichtigende Faktoren:**

- **Widerstandsniveaus:** Platzieren Sie Ihre Take-Profit-Order bei kritischen Widerstandsniveaus, die den Kurs daran hindern könnten, viel höher zu steigen.
- **Technische Analyse:** Finden Sie mögliche Umkehrpunkte anhand von technischen Indikatoren und Chartmustern.
- **Marktbedingungen:** Bei der Entscheidung über die Höhe der Gewinnmitnahme sollten Sie die allgemeinen Markttrends und -bedingungen im Auge behalten.

Größe der Position:

1. Definition:

- Es geht darum, herauszufinden, wie viel Geld man in eine bestimmte Anlage oder Transaktion investieren sollte.

2. Zweck:

- **Risikokontrolle:** Stellt sicher, dass kein einzelner Handel das Gesamtportfolio wesentlich beeinflusst.
- **Beständigkeit:** Nimmt immer eine konsequente Haltung zum Risiko ein, unabhängig vom jeweiligen Geschäft.

3. Zu berücksichtigende Faktoren:

- **Kontogröße:** Legen Sie den maximalen Betrag, der bei einem einzelnen Geschäft verloren gehen kann, als Prozentsatz der gesamten Kontogröße fest.
- **Volatilität:** Sie sollten den Betrag Ihrer Anlage entsprechend der Volatilität des Vermögenswerts anpassen. Positionen in volatileren Vermögenswerten müssen möglicherweise kleiner ausfallen.
- **Risikotoleranz:** Wählen Sie die Größe Ihrer Positionen entsprechend Ihrer Risikotoleranz und Ihrem Plan für das Risikomanagement im Allgemeinen.

4. Modelle zur Größenbestimmung von Positionen:

- **Fester Dollar-Betrag:** Investieren Sie einen bestimmten Geldbetrag in jedes Geschäft, unabhängig davon, wie volatil der Vermögenswert ist.
- **Prozentsatz des Eigenkapitals:** Jedes Geschäft birgt das Risiko eines vorher festgelegten Anteils am Gesamtkapital. Änderungen der Kontogröße können so berücksichtigt werden.
- **Volatilitätsbasiert:** Die Positionsgröße wird auf der Grundlage der historischen Volatilität des Vermögenswerts angepasst.

5. Risiko-Ertrags-Verhältnis:

- **Definition:** Wie ist das Verhältnis zwischen dem Risiko, Geld zu verlieren, und dem möglichen Gewinn aus einem Geschäft? Dies wird als Risiko-Ertrags-Verhältnis bezeichnet.
- **Zweck:**
  - **Bewertung des Handels:** Wägen Sie den möglichen Gewinn gegen den möglichen Verlust ab, um festzustellen, ob sich ein Geschäft lohnt.
  - **Zielsetzung:** Hilft bei der Festlegung realistischer Gewinnziele und Stop-Loss-Niveaus.
- **Gemeinsame Verhältnisse:**
  - Der mögliche Gewinn ist proportional zum möglichen Verlust, also 1:1.
  - Wenn der mögliche Nutzen die potenzielle Gefahr übersteigt, ist das Verhältnis 2:1.
  - Der mögliche Gewinn ist dreimal so hoch wie der mögliche Verlust, also 3:1.

6. Risikotoleranz:

- **Definition:** Was die Risikotoleranz einer Person ausmacht, ist ihre Bereitschaft, sich auf riskante finanzielle Aktivitäten wie Investitionen oder Handel einzulassen.
- **Zweck:**
  - **Persönliche Bequemlichkeit:** Die Größe Ihrer Positionen hängt davon ab, wie viel Risiko Sie bereit sind einzugehen, wenn der Markt volatil ist.
  - **Langfristige Nachhaltigkeit:** Behalten Sie immer Ihre langfristigen finanziellen Ziele im Auge, wenn Sie entscheiden, wie viel Risiko Sie eingehen wollen.

Wichtige Überlegungen:

- **Diversifizierung:** Streuung über verschiedene Vermögenswerte, um das Risiko zu verteilen.
- **Marktbedingungen:** Reagieren Sie auf veränderte Marktbedingungen, indem Sie Ihre Risikomanagementtaktiken anpassen.

Überprüfen und anpassen: Wenn sich die Marktbedingungen oder Ihre eigenen Umstände ändern, ist es wichtig, Ihre Risikomanagementstrategie regelmäßig zu überprüfen und zu aktualisieren.

Händler und Investoren können einen disziplinierten und organisierten Ansatz zum Navigieren auf den Finanzmärkten entwickeln, indem sie diese Risikomanagement-Taktiken anwenden, die auch dazu beitragen, mögliche Verluste zu begrenzen und Gewinne zu sichern. Um beim Handel und bei Investitionen langfristig erfolgreich zu sein, muss man sein Risiko konsequent und überlegt managen.

Kapitel 3
Grundlagen der technischen Analyse

Candlestick-Muster

Candlestick-Muster sind ein wesentlicher Bestandteil der technischen Analyse und geben Aufschluss über die Marktstimmung und mögliche Kursänderungen. Wie man Candlestick-Diagramme und beliebte Candlestick-Muster versteht, erfahren Sie im Folgenden:

Allgemeine Candlestick-Muster:

1. Doji:

- **Erscheinungsbild:** Der winzige Körper und die Doppeldochte einer Doji-Kerze zeigen, dass der Eröffnungs- und der Schlusskurs recht nahe beieinander lagen.
- **Interpretation:** Steht für die Unsicherheit des Marktes. Wenn die Kursbewegung wenig Überzeugung in den aktuellen Trend oder eine mögliche Umkehrung zeigt, kann es sich um einen Doji handeln.

2. Hammer:

- **Erscheinungsbild:** Wie ein Hammer hat er eine kleine Statur und einen langen unteren Schatten.
- **Deutung:** In der Regel bedeutet dies, dass sich der Abschwung dem Ende zuneigt und eine positive Trendwende in greifbare Nähe rückt, sobald sie eintritt. Die Käufer konnten den Bemühungen der Verkäufer, die Preise nach unten zu drücken, erfolgreich entgegenwirken, wie der ausgedehnte untere Schatten anzeigt.

3. Sternschnuppe:

- **Erscheinungsbild:** Aufgrund ihres kleinen Körpers und ihres langen oberen Schattens ähnelt eine Sternschnuppe einem umgedrehten Hammer.
- **Interpretation:** Normalerweise tritt dies am Ende einer Erholung auf und deutet auf eine potenzielle rückläufige Trendwende hin. Wie der anhaltende obere Schatten zeigt, stießen die Versuche der Käufer, den Preis nach oben zu treiben, auf Widerstand.

4. Bullish Engulfing:

- **Erscheinungsbild:** Meistens ist die zweite Kerze viel größer und verschlingt die erste vollständig.
- **Deutung:** Vielleicht kommt es bald zu einer glücklichen Wendung der Ereignisse. Der Kaufdruck der aktuellen Kerze ist größer als der Verkaufsdruck der vorherigen Kerze.

5. Bearish Engulfing:

- **Erscheinungsbild:** Meistens ist die zweite Kerze viel größer und verschlingt die erste vollständig.
- **Interpretation:** Mögliche bärische Umkehr signalisiert. Obwohl die vorherige Kerze auf Kaufdruck hindeutete, ist der aktuelle Verkaufsdruck viel stärker.

6. Morgenstern:

- **Das Erscheinungsbild:** Das Muster besteht aus drei Kerzen: einer bärischen Eröffnungskerze, einer kleineren Kerze und einer bullischen Schlusskerze, die weit in den Körper der ersten Kerze hineinreicht.
- **Deutung:** Signalisiert eine potenzielle zinsbullische Umkehr, insbesondere wenn die kleine Kerze eine Phase der Unentschlossenheit des Marktes darstellt.

7. Abendstern:

- **Erscheinungsbild:** Besteht aus drei Kerzen - die erste ist eine bullische Kerze, die zweite ist eine kleine Kerze und die dritte ist eine bärische Kerze, die gut im Körper der ersten Kerze schließt.
- **Deutung:** Ein Hinweis auf eine mögliche negative Umkehrung, insbesondere in Zeiten der Marktunsicherheit, wenn die Kerze sehr klein ist.

8. *Harami:*

- **Das Erscheinungsbild:** Die zweite Kerze ist klein und liegt innerhalb des Bereichs der vorherigen Kerze.
- **Deutung:** Deutet auf eine mögliche Trendumkehr hin. Die kleine Kerze deutet auf Unentschlossenheit oder einen sich abschwächenden Trend hin.

9. *Dunkle Wolkendecke:*

- **Erscheinungsbild:** Dieses bärische Muster tritt auf, wenn die zweite Kerze höher als der vorherige Schlusskurs beginnt, aber unterhalb der Mitte der ersten Kerze endet.
- **Interpretation:** Deutet darauf hin, dass der Kaufdruck nachlassen könnte, was ein Zeichen für eine rückläufige Trendwende sein könnte.

10. *Piercing Line:*

- **Das Erscheinungsbild:** Ein zinsbullisches Muster entsteht, wenn die obere Hälfte der ersten Kerze von der zweiten Kerze ausgefüllt wird, auch wenn diese niedriger als der vorherige Schlusskurs eröffnet.
- **Interpretation:** Deutet darauf hin, dass der Verkaufsdruck nachlassen könnte, was auf eine positive Trendwende hindeuten könnte.

Candlestick-Charts lesen:

1. *Kerzenständer Komponenten:*

- **Body:** Der rechteckige Abschnitt einer Kerze, der die Preisspanne von der Eröffnung bis zum Schluss anzeigt.
- **Dochte/Schatten:** Die Linien oberhalb und unterhalb des Körpers, die die höchsten und niedrigsten Preise während des Zeitraums darstellen.

2. *Farben:*

- **Bullische Kerze:** Wenn der Schlusskurs über dem Anfangskurs liegt, wird er in der Regel in Weiß oder Grün angezeigt.
- **Bärische Kerze:** Wenn der Schlusskurs unter dem Eröffnungskurs liegt, wird er in der Regel rot oder schwarz angezeigt.

3. Candlestick-Patterns:

- **Einzelne Kerzenmuster:** Zeigen eine potenzielle Umkehrung oder Unentschlossenheit an.
- **Mehrere Kerzenmuster:** Geben Aufschluss über Trendumkehr oder -fortsetzung.

4. Trendbestätigung:

- **Aufwärtstrend:** Bullische Candlesticks mit höheren Hochs und höheren Tiefs.
- **Abwärtstrend:** Rückläufige Candlesticks mit niedrigeren Höchst- und Tiefstständen.

5. Candlestick-Patterns im Kontext:

- Wenn man versucht, Candlestick-Muster zu verstehen, ist es wichtig, das Gesamtbild im Auge zu behalten, ebenso wie das Volumen und andere technische Indikatoren.
- Wenn Muster nach großen Marktschwankungen oder an wichtigen Unterstützungs-/Widerstandsniveaus auftreten, haben sie zusätzliches Gewicht.

6. Candlestick-Diagrammtypen:

- **Single Candlestick Chart:** Jede Kerze repräsentiert eine einzelne Periode (z. B. Tag, Stunde).
- **Mehrere Candlestick-Charts:** Jede Kerze repräsentiert eine Gruppe von Perioden und bietet einen breiteren Überblick über die Marktdynamik.

7. Japanische Leuchter-Namen:

Die wichtigsten Candlestick-Muster haben häufig Namen, die ihr Aussehen und ihre Folgen beschreiben, weshalb es sinnvoll ist, sich mit ihnen vertraut zu machen.

Technische Analysten können ohne die Fähigkeit, Candlestick-Diagramme zu lesen, weder die Emotionen des Marktes richtig einschätzen noch intelligente Handelsentscheidungen treffen. Um ein umfassendes Bild des Marktes zu erhalten, müssen Sie die Candlestick-Analyse in Verbindung mit anderen fundamentalen und technischen Indikatoren verwenden.

Unterstützung und Widerstand

Bei der Suche nach potenziellen Kursbarrieren oder Trendumkehrungen nutzen Händler und Anleger Unterstützungs- und Widerstandsniveaus als Orientierungshilfe. Dieser Artikel befasst sich eingehender mit der Frage, wie man diese entscheidenden Niveaus erkennt und in ihrem Umfeld gut handeln kann:

Erkennen von wichtigen Ebenen:

1. Unterstützung:

- **Definition:** Bei einem Unterstützungsniveau ist es wahrscheinlich, dass die Käufer einspringen und verhindern, dass der Preis eines fallenden Vermögenswerts noch weiter sinkt.
- **Identifizierung:**
    - **Historische Tiefststände:** Finden Sie die Kursniveaus, die sich in der Vergangenheit als schwer zu durchbrechen erwiesen haben.
    - **Trendlinien:** Zeichnen Sie Trendlinien, die die Tiefpunkte der Kursbewegungen verbinden.
    - **Gleitende Durchschnitte:** Achten Sie auf Unterstützung in der Nähe der wichtigsten gleitenden Durchschnitte, z. B. des 50- oder 200-Tage-Durchschnitts.

2. Widerstandsfähigkeit:

- **Definition:** Zu einem bestimmten Zeitpunkt wird der Preis eines steigenden Vermögenswerts wahrscheinlich auf ein Verkaufsinteresse stoßen, das die Fähigkeit des Preises, weiter zu steigen, bremst.
- **Identifizierung:**
    - **Historische Höchststände:** Ermitteln Sie die Kursniveaus, bei denen der Kurs in der Vergangenheit auf Widerstand gestoßen ist.
    - **Trendlinien:** Zeichnen Sie Trendlinien, die die Höchststände der Kursbewegungen verbinden.
    - **Gleitende Durchschnitte:** Beachten Sie den Widerstand in der Nähe wichtiger gleitender Durchschnitte.

Handeln um Unterstützung und Widerstand herum:

1. Bounce und Reversal:

- **Abprallen von der Unterstützung:** Händler könnten einen Kursabprall an einer Unterstützungsmarke als potenzielle Kaufgelegenheit betrachten.
- **Umkehrung des Widerstands:** Für Händler ergibt sich eine mögliche Verkaufsgelegenheit, wenn sich die Kursbewegung bei Annäherung an ein Widerstandsniveau nach unten umkehrt.

2. *Breakout und Breakdown:*

- **Durchbruch über den Widerstand:** Händler könnten sich für eine Kaufentscheidung entscheiden, wenn sie einen klaren Durchbruch über ein Widerstandsniveau sehen, was auf den Beginn eines Aufschwungs hindeuten könnte.
- **Durchbruch unter die Unterstützung:** Für Händler, die auf Leerverkäufe setzen, kann ein Durchbruch unter ein Unterstützungsniveau auf einen bevorstehenden Abschwung hindeuten.

3. *Range-Bound Trading:*

- **Seitwärtsbewegung:** Händler können Methoden anwenden, die sich innerhalb einer bestimmten Spanne bewegen, die durch Unterstützungs- und Widerstandsniveaus angezeigt wird.
- **In der Nähe der Unterstützung kaufen, in der Nähe des Widerstands verkaufen:** Die Anleger nutzen die vorhergesagten Kursschwankungen, indem sie in der Nähe von Unterstützungsniveaus kaufen und in der Nähe von Widerstandsniveaus verkaufen.

4. *Bestätigung mit Indikatoren:*

- **Volumenanalyse:** Die Prüfung der Handelsaktivität kann Ihnen helfen, Unterstützungs- oder Widerstandsniveaus zu bestätigen. Die Glaubwürdigkeit wird durch ein erhöhtes Volumen bei Ausbrüchen und Durchbrüchen erhöht.
- **Technische Indikatoren:** Um die Stärke einer Bewegung in der Nähe von Unterstützung oder Widerstand zu überprüfen, verwenden Sie Indikatoren wie RSI oder MACD.

5. *Analyse mehrerer Zeitrahmen:*

- **Kurzfristige vs. langfristige Niveaus:** Denken Sie über die Höhe der Unterstützung und des Widerstands in verschiedenen Zeitintervallen nach. Gelegenheiten für den Tageshandel können sich bei kürzeren Zeitrahmen ergeben, während Swing-Trading und langfristige Investitionen von längeren Zeitrahmen beeinflusst werden können.

6. *Ereignisbasierter Handel:*

- **Gewinnankündigungen:** Nach der Bekanntgabe der Gewinne neigen die Aktienkurse dazu, sich als Reaktion auf die Nachrichten an wichtigen Unterstützungs- und Widerstandsniveaus zu bewegen.
- **Veröffentlichung von Wirtschaftsdaten:** In der Nähe von Unterstützungs- oder Widerstandsniveaus können die Währungswerte durch die Veröffentlichung wichtiger Wirtschaftsdaten beeinflusst werden.

7. Psychologische Ebenen:

- **Ganze Zahlen:** In vielen Fällen reagieren die Kurse auf runde Zahlen. Eine Aktie kann z.B. bei 100,00 $ Unterstützung und bei 50,00 $ Widerstand finden.

8. Marktstimmung:

- **Nachrichten und Ereignisse:** Behalten Sie aktuelle Nachrichten und Ereignisse im Auge, die die Marktstimmung auf wichtigen Ebenen beeinflussen könnten.
- **Soziale Medien und Foren:** Eine Möglichkeit, ein Gefühl dafür zu bekommen, was die Menschen auf dem Markt erwarten, ist die Beobachtung sozialer Medien und Online-Diskussionsgruppen.

Wichtige Überlegungen:

- **Dynamischer Charakter:** Die Marktdynamik führt dazu, dass sich die Unterstützungs- und Widerstandsniveaus im Laufe der Zeit ändern.
- **Falsche Ausbrüche:** Es ist nicht ungewöhnlich, dass die Kurse kurzzeitig ein Niveau überschreiten, bevor sie sich umkehren, ein Phänomen, das als falscher Ausbruch bekannt ist. Überprüfen Sie Ausbrüche anhand von Bestätigungssignalen.

Risikomanagement: Setzen Sie Stop-Loss-Aufträge und andere Risikomanagementmaßnahmen ein, um sich gegen ungünstige Preisänderungen abzusichern.

Um erfolgreich mit Unterstützungs- und Widerstandsniveaus zu handeln, benötigen Sie technische Analysen, Marktkenntnisse und Risikomanagementfähigkeiten. Die komplizierte Welt der Finanzmärkte kann mit Hilfe dieser Niveaus, die als wichtige Entscheidungshilfen dienen, besser navigiert werden. Wenn Sie diese Handelstaktiken in Ihr Arsenal aufnehmen, sind Sie besser in der Lage, Marktverschiebungen rechtzeitig zu erkennen und Ihren Gewinn aus jedem Geschäft zu maximieren, indem Sie Risiko und Ertrag ausbalancieren.

Diagramm-Muster

Muster in der Kursentwicklung, wie sie in Charts zu sehen sind, können Aufschluss darüber geben, wohin sich die Märkte in Zukunft entwickeln werden. Dreiecke, Kopf und Schultern, Doppel-Tops und Böden sind einige der wichtigsten Chart-Muster, und wir werden auf sie eingehen und zeigen, wie man mit ihnen handelt.

Dreiecke:

1. Symmetrisches Dreieck:

- **Formation:** Entsteht, wenn zwei Trendlinien aufeinandertreffen und sich einander annähern, so dass die Höchst- und Tiefstwerte näher zusammenrücken.
- **Durchbruch:** Jede mögliche Richtung eines Durchbruchs deutet darauf hin, dass sich der Trend fortsetzen könnte.

2. Aufsteigendes Dreieck:

- **Formation:** Ausgehend von einer steigenden Trendlinie und einer horizontalen Widerstandslinie.
- **Durchbruch:** Nachdem die Kurse den Widerstand durchbrochen haben, deutet dieses Muster in der Regel auf eine Fortsetzung des Aufwärtstrends hin.

3. Absteigendes Dreieck:

- **Formation:** Gebildet durch eine horizontale Unterstützungslinie und eine absteigende Trendlinie.
- **Durchbruch:** Nachdem die Kurse die Unterstützung durchbrochen haben, deutet dieses bärische Fortsetzungsmuster in der Regel darauf hin, dass die Kurse weiter sinken werden.

Kopf und Schultern:

1. Kopf und Schultern oben:

- **Formation:** Drei Spitzen - eine an der Spitze (Kopf) und zwei an der Unterseite (Schultern).
- **Ausbruch:** Ein Durchbruch unter die Halslinie könnte eine mögliche Umkehr nach unten signalisieren.

2. Kopf und Schultern unten (inverser Kopf und Schultern):

- **Formation:** Ein Kopf am Boden und zwei untere Tröge auf beiden Seiten bilden die drei Tröge (Schultern).
- **Ausbruch:** Weist auf eine mögliche Umkehr nach oben hin, wenn die Halslinie durchbrochen wird.

Doppelte Oberteile und Unterteile:

1. Double Top:

- **Formation:** Zwei Spitzenwerte auf annähernd gleichem Kursniveau, getrennt durch einen Tiefpunkt.
- **Durchbruch:** Deutet auf eine mögliche Umkehr nach unten hin, wenn die Talsohle durchbrochen wird.

2. Double Bottom:

- **Formation:** Zwei Talsohlen auf annähernd gleichem Kursniveau, getrennt durch einen Höhepunkt.
- **Ausbruch:** Weist auf eine mögliche Umkehr nach oben hin, wenn der Höchststand durchbrochen wird.

Erkennen und Handeln von Mustern:

1. Erkennung von Mustern:

- **Visuelle Inspektion:** Erkennen Sie Muster durch visuelle Inspektion historischer Kursdiagramme.
- **Technische Analyse-Tools:** Nutzen Sie technische Analysewerkzeuge und Diagrammsoftware, um Trends zu erkennen und zu verstärken.

2. Bestätigungssignale:

- **Volumen-Analyse:** Überprüfen Sie den Wahrheitsgehalt des Musters anhand des Volumens; ein Anstieg des Volumens während eines Ausbruchs verleiht dem Trend Glaubwürdigkeit.
- **Technische Indikatoren:** Bestätigen Sie die Stärke eines Musters mit Indikatoren wie RSI oder MACD.

3. Muster-Ziele:

- **Bewegungen messen:** Anhand der Entfernung zwischen dem Ursprung des Musters und dem Ausbruchspunkt kann man die wahrscheinlichen Kursziele abschätzen.

4. Zeitrahmen und Dauer von Mustern:

- **Kurzfristig vs. Langfristig:** Überlegen Sie, wie lange das Diagramm reicht. Daytrader können in kurzfristigen Mustern Chancen sehen, während Swingtrader und Anleger von längerfristigen Trends profitieren können.

5. Kombinieren von Mustern:

- **Komplexe Muster:** Muster können kompliziert werden, wenn bestimmte Muster in andere eingebettet sind. Für genauere Prognosen sollten Sie über das Zusammenspiel dieser Muster nachdenken...

6. Fehlerhafte Muster:

- **Falsche Signale:** Wenn ein Muster auftaucht, aber nicht zustande kommt, kann dies ein irreführendes Signal sein. Verwenden Sie Stop-Loss-Aufträge, um Verluste zu begrenzen.

7. Marktkontext:

- **Breitere Marktanalyse:** Um ein vollständiges Bild zu erhalten, sollten Sie mehr als nur die Muster in den Charts berücksichtigen. Berücksichtigen Sie den Markt als Ganzes, die Nachrichten und die wirtschaftlichen Variablen.

Für Händler sind Chartmuster eine wahre Fundgrube an Informationen über zukünftige Marktveränderungen. Händler können fundierte Entscheidungen treffen, ob sie nach Trendfortsetzungen oder Trendumkehrungen suchen, indem sie diese Muster erkennen und ihre Auswirkungen verstehen. Wenn Sie beim Handel ein vollständiges Bild erhalten möchten, müssen Sie die Musteranalyse in Verbindung mit anderen fundamentalen und technischen Indikatoren verwenden. Durch konsequente Übung und Beobachtung können Sie diese starken Marktsignale immer besser erkennen und darauf reagieren.

Gleitende Durchschnitte und Trendlinien

Händler, die Markttrends erfolgreich verstehen und verfolgen wollen, müssen Experten im Umgang mit gleitenden Durchschnitten und Trendlinien werden, zwei Instrumenten der technischen Analyse. Entdecken Sie alle Ins und Outs dieser Technologien mit dieser eingehenden Analyse ihrer Anwendungen, Feinheiten und strategischen Implikationen.

Verwendung gleitender Durchschnitte zur Trendbestätigung:

1. Einfacher gleitender Durchschnitt (SMA):

- **Kalkulation:** Ermittelt aus dem Durchschnittspreis eines Artikels über einen bestimmten Zeitraum, um Preisschwankungen auszugleichen.
- **Trendbestätigung:**
  - **Aufwärtstrend:** Kurse oberhalb des SMA signalisieren einen potenziellen Aufwärtstrend.
  - **Abwärtstrend:** Kurse unterhalb des SMA deuten auf einen möglichen Abwärtstrend hin.

2. Exponentieller gleitender Durchschnitt (EMA):

- **Kalkulation:** Passt sich vorübergehenden Verschiebungen an, indem die aktuellen Preise stärker berücksichtigt werden.
- **Trendbestätigung:**
  - **Reaktivität:** Für die kurzfristige Trendanalyse ist der EMA gut geeignet, da er sehr schnell auf die jüngsten Kursveränderungen reagiert.

3. Goldenes Kreuz und Totenkreuz:

- **Goldenes Kreuz:** Das Kreuzen von zwei gleitenden Durchschnitten, einem kurzfristigen und einem langfristigen, deutet auf einen Aufwärtstrend hin.
- **Todeskreuz:** Das Kreuzen eines kurzfristigen gleitenden Durchschnitts unter einem langfristigen gleitenden Durchschnitt ist ein bärisches Zeichen.

4. Gleitender Durchschnitt Konvergenz Divergenz (MACD):

- **Bestandteile:** Mit dem MACD (Differenz zwischen zwei EMAs) und den dazwischen liegenden Signallinien (ein 9-Tage-EMA der MACD-Linie).
- **Trendbestätigung:**
  - **Überkreuzungen:** Bestimmen Sie anhand der Korrelation zwischen dem MACD und den Signallinien, ob möglicherweise ein Aufwärts- oder Abwärtstrend vorliegt.

5. Trend Stärke:

- **Neigungsanalyse:** Schauen Sie sich die Steigung des gleitenden Durchschnitts an, um zu sehen, wie stark der Trend ist. Es gibt eine signifikante Tendenz, wenn die Steigung steil ist.

6. Dynamische Unterstützung und Widerstand:

- **Rolle bei Trends:** Bei steigenden Kursen können gleitende Durchschnitte eine dynamische Unterstützung bieten; bei fallenden Kursen können sie einen dynamischen Widerstand darstellen.

Zeichnen effektiver Trendlinien:

1. Hochs und Tiefs miteinander verbinden:

- **Aufwärtstrendlinie:** Verbinden Sie aufeinanderfolgende höhere Tiefststände, um eine Aufwärtstrendlinie zu bilden.
- **Abwärtstrendlinie:** Verbinden Sie aufeinanderfolgende niedrigere Höchststände, um eine Abwärtstrendlinie zu bilden.

2. Kanallinien:

- **Erstellen von Kanälen:** Erstellen Sie einen Kanal, indem Sie parallele Linien zwischen den Hoch- und Tiefpunkten ziehen. Auf diese Weise ist es viel einfacher, mögliche Ausbruchs- oder Zusammenbruchspunkte zu finden.

3. Trendlinien-Bestätigung:

- **Mehrere Berührungspunkte:** Eine Trendlinie ist überzeugender, wenn sie mehr als ein Hoch oder Tief erreicht.
- **Volumenanalyse:** Erhöhtes Volumen bestätigt Trendlinienbrüche und deutet auf ein hohes Marktengagement hin.

4. Trendumkehrungen:

- **Bruch und erneuter Test:** Chancen für eine Trendfortsetzung oder -umkehr können sich während eines Rücksetzers ergeben, wenn eine durchbrochene Trendlinie als Unterstützung oder Widerstand dient.

5. Identifizierung von Kanälen und Keilen:

- **Aufsteigender Kanal:** Verbindet aufeinanderfolgende höhere Tiefs und höhere Hochs.
- **Absteigender Kanal:** Verbindet aufeinanderfolgende niedrigere Hochs und niedrigere Tiefs.
- **Keile:** Mögliche Trendumkehrungen sind zu erkennen, wenn diagonale Trendlinien nach oben (steigender Keil) oder nach unten (fallender Keil) konvergieren.

6. Trendlinienanalyse in mehreren Zeitrahmen:

- **Kurzfristig vs. Langfristig:** Um ein vollständiges Bild zu erhalten, sollten Sie Trendlinien auf vielen Zeitskalen verwenden. Während sich langfristige Trendlinien auf das Swing-Trading und langfristige Investitionen auswirken, sind kurzfristige Trendlinien eher für das Day-Trading geeignet.

7. Marktpsychologie:

- **Trendlinien-Einfluss:** Die Marktstimmung spiegelt die Meinung der Öffentlichkeit wider und beeinflusst deren Kauf- und Verkaufsentscheidungen.
- **Ausbruchs-Katalysator:** Eine erhöhte Handelsaktivität könnte durch einen klaren Durchbruch oder Ausbruch aus einer Trendlinie ausgelöst werden.

Erweiterte Überlegungen:

1. Gleitende Durchschnitts-Crossovers:

- **Mehrere Durchschnitte:** Probieren Sie verschiedene Setups von gleitenden Durchschnitten aus, um Crossover-Signale zu finden, die für Ihre Handelsstrategie geeignet sind.

2. Divergenz im MACD:

- **Trendumkehrsignale:** Mögliche Trendumkehrsignale können durch eine Divergenz zwischen MACD und Kursbewegungen angezeigt werden.

3. Mustererkennung mit Trendlinien:

- **Chart-Muster:** Der beste Weg, Trends zu finden, ist eine Kombination aus Trendlinienanalyse und Chartmustern.

4. Stimmungsanalyse:

- **Contrarian-Signale:** Um konträre Signale zu erkennen, kombinieren Sie Stimmungsindikatoren mit gleitenden Durchschnitten und Trendlinien.

Der Handel mit gleitenden Durchschnitten und Trendlinien erfordert eine gründliche Vertrautheit sowohl mit der Verwendung dieser Instrumente als auch mit der inneren Funktionsweise der Markttrends. Sie können Ihre Fähigkeiten zur Trendanalyse durch konsequente Übung, sorgfältige Beobachtung und den Einsatz zusätzlicher technischer Hilfsmittel verbessern. Händler können ihre Fähigkeiten in einem sich ständig verändernden Finanzumfeld verbessern, indem sie diese

Methoden erlernen, die ihnen helfen, Marktmuster zu verstehen, vorherzusagen, wann sich Trends umkehren werden, und fundierte Handelsentscheidungen zu treffen.

Indikatoren und Oszillatoren

Händler verlassen sich bei der technischen Analyse in hohem Maße auf Indikatoren und Oszillatoren, die ihnen helfen, Marktmuster zu verstehen und mögliche Einstiegs- und Ausstiegspunkte zu erkennen. In diesem detaillierten Tutorial werden wir MACD, Stochastik und Bollinger-Bänder untersuchen und Informationen zu ihrer Verwendung und ihrer Einbindung in Ihre Handelsstrategie geben.

MICD steht für Moving Average Convergence Divergence:

1. Bestandteile:

- **MACD-Linie:** Stellt die Differenz zwischen zwei exponentiellen gleitenden Durchschnitten (EMAs) dar.
- **Signallinie:** Ein 9-Tage-EMA der MACD-Linie.
- **Histogramm:** Diese Linie zeigt die Diskordanz zwischen dem MACD und den Signallinien.

2. Trendbestätigung:

- **Überkreuzungen:** Der MACD-Indikator wird zinsbullisch, wenn er über die Signallinie ansteigt, und bärisch, wenn er darunter fällt.
- **Histogramm-Analyse:** Positive Histogrammwerte weisen auf ein zinsbullisches Momentum hin, während negative Werte ein bärisches Momentum anzeigen.

3. Divergenzanalyse:

- **Trendumkehrungen:** Mögliche Trendumkehrungen können durch eine Divergenz zwischen MACD und Kursbewegungen angezeigt werden.

4. Analyse mehrerer Zeitrahmen:

- **Kurzfristig vs. Langfristig:** Verwenden Sie den MACD in verschiedenen Zeitrahmen, um einen umfassenden Überblick über die Trendstärke zu erhalten.

Stochastik:

1. Bestandteile:

- **%K- und %D-Linien:** Stellen den aktuellen Schlusskurs im Verhältnis zur Hoch-Tief-Spanne über einen bestimmten Zeitraum dar.
- **Überkaufte und überverkaufte Niveaus:** Normalerweise bei 80 % (überkauft) und 20 % (überverkauft) festgelegt.

2. Trendumkehrungen:

- **Überkaufte/überverkaufte Bedingungen:** Wenn die Bedingungen überkauft sind, könnte dies bedeuten, dass ein Preisrückgang bevorsteht, und wenn die Bedingungen überverkauft sind, könnte dies bedeuten, dass ein Preisanstieg bevorsteht.

3. Kreuzungen:

- **Kreuzungen von %K und %D:** Bullisch, wenn %K über %D kreuzt und bearisch, wenn %K unter %D kreuzt.

4. Divergenzanalyse:

- **Bestätigungswerkzeug:** Mögliche Trendumkehrungen können bestätigt werden, wenn die Stochastik von den Kursbewegungen abweicht.

Bollinger-Bänder:

1. Bestandteile:

- **Oberes und unteres Band:** Ermittelt durch Subtraktion einer bestimmten Anzahl von Standardabweichungen von einem gleitenden Basisdurchschnitt (SMA).
- **Mittleres Band:** In der Regel ein 20-Tage-SMA.

2. Volatilität und Trendidentifizierung:

- **Breite der Bänder:** Bänder, die weniger komprimiert sind, weisen eine geringere Volatilität auf, während Bänder, die stärker komprimiert sind, eine höhere Volatilität aufweisen.
- **Trend-Bestätigung:** Ein möglicher Aufschwung kann dadurch angezeigt werden, dass die Kurse regelmäßig das obere Band berühren, während ein möglicher Abschwung dadurch angezeigt werden könnte, dass die Kurse das untere Band berühren.

3. Bollinger Squeeze:

- **Signal für geringe Volatilität:** Eine Periode niedriger Volatilität, die durch verengte Bänder angezeigt wird, kann vor einer wesentlichen Preisveränderung auftreten.

4. Umkehrsignale:

- **Abprallen von Bändern:** Wenn die Kurse an den oberen oder unteren Bändern abprallen, könnte dies ein Hinweis auf eine mögliche Umkehr sein.

Integration von Indikatoren in Ihre Strategie:

1. Bestätigungssignale:

- **Mehrere Indikatoren:** Um die Zuverlässigkeit der Strategie zu erhöhen, sollten Sie mehrere Indikatoren verwenden, um die Signale zu überprüfen.

2. Trendbestätigung:

- **Am Trend ausrichten:** Verwenden Sie Indikatoren, die sich am Gesamttrend orientieren, um mit höherer Wahrscheinlichkeit zu handeln.

3. Risikomanagement:

- **Stop-Loss-Levels festlegen:** Verwenden Sie Indikationen, um die besten Niveaus zum Setzen von Stop-Loss-Levels zu finden und sich so vor negativen Kursschwankungen zu schützen.

4. Kombination mit Price Action:

- **Preis-Indikator-Divergenz:** Um Ihre Prognosefähigkeiten zu verbessern, sollten Sie das Ausmaß der Abweichung der Indikatorsignale von den tatsächlichen Marktbewegungen untersuchen.

5. Periodizität:

- **Zeitrahmen anpassen:** Um sicherzustellen, dass die Indikatoren genau und relevant sind, passen Sie ihre Parameter entsprechend dem Zeitrahmen an, in dem Sie handeln.

6. *Backtesting:*

- **Historische Analyse:** Verwenden Sie Daten aus der Vergangenheit, um Ihren Ansatz zu "backtesten" und zu sehen, wie er sich in verschiedenen Marktszenarien verhält.

7. *Anpassungsfähigkeit:*

- **Marktbedingungen:** Wenn sich die Marktbedingungen ändern, sollten Sie Ihre Indikatoreinstellungen und Methoden entsprechend anpassen.

Wenn es darum geht, die Dynamik des Marktes zu verstehen, sind Indikatoren und Oszillatoren unschätzbare Werkzeuge für Händler. Lernen Sie den MACD, die Stochastik und die Bollinger-Bänder besser kennen. Bauen Sie sie dann strategisch in Ihre Handelsstrategie ein. So können Sie Trends erkennen, vorhersagen, wann sie sich umkehren, und bessere Entscheidungen auf den dynamischen Finanzmärkten treffen. Die Beherrschung der Kunst, diese wirksamen Instrumente für den Handelserfolg zu nutzen, erfordert konsequente Übung, ständige Beobachtung und die Anpassung der Strategie an die Marktbedingungen.

Kapitel 4
Entwickeln Sie Ihre Handelsstrategie

Finden Sie Ihren Handelsstil

Der erste Schritt zur Erstellung eines langfristigen Handelsplans, der funktioniert, besteht darin, Ihren Handelsstil zu bestimmen. Um Ihnen zu helfen, den besten Zeitraum für Ihre Handelsziele und Ihren Geschmack zu wählen, gehen wir auf die Unterschiede zwischen Scalping, Daytrading und Swingtrading ein.

Scalping:

1. Zeithorizont:

- **Ultrakurzfristig:** Viele Transaktionen an einem Tag mit dem Ziel, kleinere Kursschwankungen auszunutzen, werden als Scalping bezeichnet.

2. Handel Dauer:

- **Sekunden bis Minuten:** Scalper versuchen, aus kleinräumigen Marktveränderungen Kapital zu schlagen, indem sie Positionen für extrem kurze Zeiträume halten.

3. Zielsetzung:

- **Kleine Profite:** Scalper zielen auf kleine Preisänderungen ab und erzielen durch häufiges Handeln einen Gewinn.

4. Risikomanagement:

- **Enge Stopps:** Um ihre Verluste im Falle ungünstiger Kursschwankungen zu begrenzen, setzen Scalper manchmal enge Stop-Loss-Orders ein.

5. Personality Fit:

- **Schnelle Entscheidungsfindung:** Perfekt für Menschen, die nicht träge sind und schnelle Entscheidungen treffen können.

Daytrading:

1. Zeithorizont:

- **Kurzfristig:** Handelspositionen können an einem einzigen Handelstag eröffnet und geschlossen werden, eine Praxis, die als Daytrading bekannt ist.

2. Handel Dauer:

- **Minuten bis Stunden:** Daytrader versuchen, von Kursschwankungen zu profitieren, die während des Handelstages auftreten, anstatt ihre Bestände über Nacht zu halten.

3. Zielsetzung:

- **Tägliche Gewinne:** Die Handelspositionen werden am Ende eines jeden Handelstages von Daytradern geschlossen, die von den täglichen Marktschwankungen profitieren wollen.

4. Risikomanagement:

- **Intraday-Planung:** Daytrader konzentrieren sich auf das Risikomanagement während des gesamten Handelstages und orientieren sich bei ihren Geschäften an Intraday-Mustern.

5. Personality Fit:

- **Disziplin und Konzentration:** Erfordert Selbstbeherrschung, Konzentration und die Fähigkeit, sich während der gesamten Handelssitzung an eine Handelsstrategie zu halten.

Swing Trading:

1. Zeithorizont:

- **Kurz- bis mittelfristig:** Um von kurz- bis mittelfristigen Marktmustern zu profitieren, halten Swing-Trader Positionen für einige Tage bis Wochen.

2. Handel Dauer:

- **Tage bis Wochen:** Swing-Trader nutzen die Dynamik des Marktes und versuchen, Kursschwankungen innerhalb eines größeren Trends zu nutzen.

3. Zielsetzung:

- **Auf Trends aufspringen:** Ziel ist es, von größeren Kursschwankungen zu profitieren, indem man die Aufwärts- oder Abwärtsdynamik des Trends nutzt.

4. Risikomanagement:

- **Breitere Stops:** Um Kursänderungen innerhalb des Gesamttrends zu berücksichtigen, verwenden Swing-Trader in der Regel breitere Stop-Loss-Orders.

5. Personality Fit:

- **Geduld und Analyse:** Geeignet für diejenigen, die unter Druck ruhig bleiben, ihre Hausaufgaben machen und kurz- bis mittelfristige Marktschwankungen aussitzen können.

Die Wahl des richtigen Zeitrahmens:

1. Kurzfristige Zeitrahmen (1 Minute bis 1 Stunde):

- **Scalping und Day Trading:** Geeignet für Intraday-Händler, die kurzfristige Kursänderungen nutzen wollen.

2. Mittelfristige Zeitrahmen (4-Stunden bis täglich):

- **Swing Trading:** Gut für Händler, die den Markt nicht ständig beobachten wollen, aber dennoch von kurz- bis mittelfristigen Trends profitieren möchten.

3. Langfristige Zeitrahmen (wöchentlich bis monatlich):

- **Positionshandel und Investieren:** Diese Anlagestrategie eignet sich am besten für langfristige Anleger, die die allgemeinen Markttrends und Fundamentaldaten im Auge behalten wollen.

4. Kombinieren von Zeitrahmen:

- **Analyse mehrerer Zeitrahmen:** Ein umfassendes Verständnis des Marktes erlangen Händler im Allgemeinen durch die Kombination von kurz-, mittel- und langfristigen Zeitrahmen.

5. Anpassungsfähigkeit:

Marktbedingungen: In Anbetracht der aktuellen Marktbedingungen und der Entwicklung Ihrer Handelstechnik sollten Sie Ihren Zeitrahmen neu überdenken.

Ihren Geschmack, Ihre Persönlichkeit und Ihre Ziele mit einer geeigneten Handelstechnik in Einklang zu bringen, ist ein fortlaufender Prozess, der dazu führt, Ihren Handelsstil zu entdecken. Unabhängig davon, ob Sie das rasante Scalping, den actionreichen Daytrading oder den methodischen Swingtrading bevorzugen, ist die Wahl des richtigen Zeitraums entscheidend. Sie können in der aufregenden Welt des Handels erfolgreich sein, wenn Sie sich zu kontinuierlichem Lernen verpflichten, sich regelmäßig selbst analysieren und sich den Marktbedingungen anpassen.

Aufbau eines Handelssystems

Ein Handelssystem muss sorgfältig entwickelt werden, mit klaren Richtlinien für den Ein- und Ausstieg, Verfahren für das Risikomanagement und umfangreichen Tests. Für eine gründliche Anleitung zum Aufbau eines zuverlässigen Handelssystems sollten wir jeden Teil genauer untersuchen.

Einreise- und Ausreisebestimmungen:

1. Teilnahmebedingungen:

- **Technische Indikatoren:**
  - Wenn Sie einen Handel eingehen, sollten Sie technische Indikatoren wie den Moving Average Convergence Divergence (MACD), den Relative Strength Index (RSI) oder stochastische Oszillatoren verwenden, um die Anforderungen festzulegen.
  - Ziehen Sie mehrere Indikatoren in Betracht, um robustere Signale zu erzeugen.
- **Chart-Muster:**

- Richten Sie bestimmte Chartmuster wie Flaggen, Doppel-Tops oder Kopf und Schultern ein, die als Einstiegspunkte für den Handel dienen.
- Beziehen Sie Candlestick-Muster zur zusätzlichen Bestätigung ein.
- **Bestätigungssignale:**

Überprüfen Sie die Richtigkeit Ihrer Einstiegspositionen, indem Sie Bestätigungssignale wie Volumenanalysen oder Trendlinienbrüche einbeziehen.

Wählen Sie eine umfassende Strategie, indem Sie technische und fundamentale Studien kombinieren.

2. Risiko-Ertrags-Verhältnis:

- **Definieren Sie die Risikotoleranz:**
  - Legen Sie vor dem Abschluss von Geschäften fest, wie viel von Ihrem Geld Sie verlieren können.
  - Um Ihr Risiko an die Marktbedingungen anzupassen, verwenden Sie Volatilitätskennzahlen wie die Average True Range (ATR).
- **Belohnungspotenzial:**
  - Verwenden Sie Fibonacci-Retracements und andere Techniken, um Gewinnziele auf der Grundlage wichtiger Unterstützungs- und Widerstandsebenen festzulegen.
  - Achten Sie darauf, dass Ihre Incentive-Ziele mit dem allgemeinen Markttrend übereinstimmen.

3. Position Sizing:

- **Bestimmen Sie die Positionsgröße:**
  - Bestimmen Sie die Höhe Ihres Einsatzes auf der Grundlage Ihrer Risikotoleranz und wie weit Sie bereit sind zu gehen, um einen Verlust zu vermeiden.
  - Verwenden Sie Methoden für die Festsetzung von Fraktionsgrößen oder das Kelly-Kriterium.
- **Anpassung an die Volatilität:**
  - Um sich auf mögliche größere Kursschwankungen vorzubereiten, sollten Sie die Positionsgröße entsprechend der Marktvolatilität anpassen.
  - Um die optimale Größe Ihrer Positionen zu bestimmen, können Sie die Idee des "Volatilitätsindex" in Betracht ziehen.

4. Zeitrahmen:

- **Wählen Sie Handelszeitrahmen:**

- Wählen Sie zwischen kurzfristigen (Intraday), mittelfristigen (Swing Trading) und längerfristigen Zeiträumen, um Ihren Handelseinstieg zu steuern (Positionshandel).
- Ihre Handelsstrategie und Ihre Ziele sollten mit den von Ihnen gewählten Zeiträumen in Einklang stehen.

- **Analyse mehrerer Zeitrahmen:**
  - Verschaffen Sie sich ein umfassendes Bild des Marktes und validieren Sie Signale durch die Kombination verschiedener Zeiträume.
  - Berücksichtigen Sie die Trends über einen längeren Zeitraum und analysieren Sie gleichzeitig die kurzfristigen Trends.

5. Nachrichten und Ereignisse:

- **Grundlagen einbeziehen:**
  - Überlegen Sie, wie sich wichtige Wirtschaftsdaten, Gewinnmeldungen und geopolitische Schlagzeilen auf die von Ihnen in Betracht gezogenen Aktien auswirken könnten.
  - Berücksichtigen Sie bei der Anpassung Ihrer Eingaberegeln bevorstehende Nachrichtenereignisse.

6. Automatisierung:

- **Algorithmischer Handel:**
  - Erstellen Sie Skripte oder Algorithmen, um die Handelsausführung nach Ihren Regeln zu automatisieren.
  - Behalten Sie den Markt im Auge und passen Sie Ihre Algorithmen bei Bedarf an.
- **Maschinelles Lernen:**
  - Untersuchen Sie Methoden des maschinellen Lernens, um Ihre Eingaberegeln zu verbessern, indem Sie Korrelationen oder Trends in früheren Daten aufdecken.

7. Kontinuierliche Verbesserung:

- **Anpassung an die Marktbedingungen:**
  - Überprüfen und überarbeiten Sie Ihre Zulassungskriterien regelmäßig, um schwankenden Marktbedingungen Rechnung zu tragen.
  - Überlegen Sie, wie Ihre Leistungskennzahlen und Ihr Handelsprotokoll Ihnen helfen können.

8. Dokumentation:

- **Führung von Aufzeichnungen:**

- Achten Sie darauf, dass Sie jedes Geschäft dokumentieren, einschließlich der Umstände, die Sie zum Abschluss veranlasst haben.
- Versuchen Sie, Trends oder Möglichkeiten zur Verbesserung früherer Angebote zu finden.

Testen und Verfeinern Ihrer Strategie:

1. Backtesting:

- **Historische Analyse:**
  - Sie können die Leistung Ihres Systems in verschiedenen Marktszenarien bewerten, indem Sie historische Daten analysieren.
  - Bestimmen Sie die Auswirkungen verschiedener Wirtschaftszyklen auf die Leistung Ihres Ansatzes.
- **Statistische Analyse:**
  - Nutzen Sie statistische Kennzahlen wie Sharpe Ratio, Maximum Drawdown und Win-Loss-Ratio, um die Robustheit Ihres Systems zu bewerten.

2. Papierhandel:

- **Simulierter Handel:**
  - Sie können Ihren Ansatz im Hier und Jetzt testen, ohne dabei echtes Geld zu riskieren.
  - Finden Sie Umsetzungsprobleme und verbessern Sie Ihren Ausführungsprozess mit Hilfe des Papierhandels.
- **Risikofreie Umgebung:**
  - Beim Papierhandel können Sie verschiedene Strategien ausprobieren, da es sich um eine risikofreie Umgebung handelt.
  - Werfen Sie einen Blick auf die mentale Seite des Handels, ohne ein finanzielles Risiko einzugehen.

3. Vorwärtsprüfung:

- **Echtzeit-Tests:**
  - Um die Wirksamkeit Ihres Systems weiter zu bewerten, setzen Sie es mit kleinen, geregelten Transaktionen auf dem tatsächlichen Markt ein.
  - Beurteilen Sie, wie Ihr Ansatz durch Schlupflöcher und Ausführungsverzögerungen beeinträchtigt wird.
- **Bewerten Sie die Anpassungsfähigkeit:**
  - Prüfen Sie, wie Ihr System mit plötzlichen Marktveränderungen oder aktuellen Nachrichten umgeht.

- Ändern Sie die Einstellungen oder Vorschriften entsprechend den Handelsergebnissen in Echtzeit.

4. Bewertung des Risikomanagements:

- **Bewerten Sie die Konsistenz:**
  - Überprüfen Sie die Wirksamkeit und Kohärenz Ihrer Risikomanagementpolitik.
  - Ändern Sie die Risikoeinstellungen, je nachdem, was Sie aus den Tests lernen.
- **Szenario-Analyse:**
  - Wenn Sie wissen wollen, wie Ihr Risikomanagementplan angesichts katastrophaler Marktereignisse abschneiden wird, ist die Szenarioanalyse das Mittel der Wahl.
  - Um die Widerstandsfähigkeit zu erhöhen, sollten Sie die Risikofaktoren optimieren.

5. Emotionale Bereitschaft:

- **Psychologische Auswirkungen:**
  - Bewerten Sie Ihre Fähigkeit, Regeln unter verschiedenen Marktbedingungen zu befolgen.
  - Beherrschen Sie Methoden wie Visualisierung oder Achtsamkeit, um Ihre Gefühle zu kontrollieren und keine übereilten Entscheidungen zu treffen.
- **Verhaltenspsychologie:**
  - Lernen Sie die vielen Verhaltensweisen kennen, die sich auf die Entscheidungsfindung auswirken können, und lernen Sie, diese zu überwinden.

6. Marktbedingungen:

- **Berücksichtigen Sie verschiedene Szenarien:**
  - Testen Sie Ihren Plan auf Herz und Nieren, sowohl in trendigen als auch in schwankenden und turbulenten Marktsituationen.
  - Nehmen Sie Anpassungen vor, um Schwankungen der Marktbedingungen zu berücksichtigen.
- **Adaptive Mechanismen:**
  - Um auf Veränderungen im Marktumfeld vorbereitet zu sein, sollten Sie Anpassungsmechanismen in Ihren Ansatz einbauen.
  - Stellen Sie Regeln auf, die Änderungen auslösen, wenn sich die Marktbedingungen ändern.

7. Feedback und Überprüfung:

- **Suchen Sie nach Feedback:**

- Sprechen Sie mit anderen Händlern, suchen Sie sich einen Mentor oder schließen Sie sich einem Handelsforum an, um die Meinung anderer Händler zu Ihrem Ansatz einzuholen.
- Nehmen Sie an Peer-Reviews teil oder ziehen Sie Experten zu Rate.
- **Kontinuierliches Lernen:**
  - Halten Sie sich über die neuesten Nachrichten zu Handelsstrategien auf dem Laufenden und setzen Sie die entsprechenden Erkenntnisse in Ihre Handelsmethode um.
  - Wenn Sie mehr erfahren möchten, besuchen Sie eine Konferenz, ein Webinar oder einen Workshop.

8. Anpassungsfähigkeit:

- **Marktentwicklung:**
  - Sie sollten sich darüber im Klaren sein, dass sich die Märkte ändern und dass eine erfolgreiche Technik von Zeit zu Zeit angepasst werden muss, damit sie weiterhin funktioniert.
  - Aufbau von Systemen, die den Markt überwachen und sich an die wechselnde Dynamik anpassen können.
- **Neue Einsichten einbeziehen:**

Seien Sie immer auf dem Laufenden über die neuesten Nachrichten zu Handelstechnologien, neuen Indikatoren und Marktgesetzen.

Bringen Sie mit jedem Jahr neue Kenntnisse über die Grundlagen oder technische Aspekte in Ihren Ansatz ein.

Der Aufbau eines Handelssystems erfordert eine sorgfältige Planung, Flexibilität und ein ständiges Streben nach Perfektion. Ihre Chancen, auf den sich ständig verändernden Finanzmärkten dauerhaft erfolgreich zu sein, verbessern sich erheblich, wenn Sie sich die Zeit nehmen, Ihre Einstiegs- und Ausstiegskriterien klar zu definieren, ein strenges Risikomanagement anzuwenden und Ihren Ansatz gründlich zu testen. Ihr Erfolg und Ihre Langlebigkeit als Händler können sich verbessern, wenn Sie Ihre eigene Leistung regelmäßig bewerten, für neue Informationen offen sind und stets nach Möglichkeiten zur Verbesserung Ihrer Strategie suchen.

Backtesting Ihrer Strategie

Das Backtesting einer Handelsstrategie ist ein wichtiger Teil des Prozesses, da es zeigt, wie die Strategie in der Vergangenheit abgeschnitten hat und wie gut sie auf realen Märkten funktionieren könnte. Wir wollen uns nun mit der Komplexität des Backtestings befassen, das die Analyse von Leistungskennzahlen und die Verwendung von Daten aus der Vergangenheit beinhaltet.

Verwendung historischer Daten:

1. Auswahl der Daten:

- **Markt und Anlageklasse:** Wenn Sie mit bestimmten Märkten oder Anlageklassen handeln möchten, müssen Sie historische Daten auswählen, die diesen Anforderungen entsprechen.
- **Qualität der Daten:** Prüfen Sie alle historischen Daten auf Richtigkeit und Vollständigkeit und stellen Sie sicher, dass keine Lücken oder Fehler vorhanden sind.

2. Auswahl des Zeitrahmens:

- **Handelsstil anpassen:** Wählen Sie einen Zeitraum, der zu der von Ihnen gewählten Handelsstrategie passt (z. B. Intraday, täglich, wöchentlich).
- **Anpassung an die Häufigkeit:** Während für den Swing- oder Positionshandel längere historische Zeiträume erforderlich sein können, sind kürzere Zeitrahmen für Intraday-Taktiken besser geeignet.

3. Einbeziehung von Transaktionskosten:

- **Realistische Simulation:** Zur Nachbildung der tatsächlichen Handelsbedingungen, einschließlich Transaktionsgebühren wie Slippage und Provisionen.
- **Häufigkeit des Handels:** Passen Sie die Kosten an die Häufigkeit Ihres Handels an.

4. Marktbedingungen:

- **Reflektieren Sie die realen Bedingungen:** Denken Sie daran, vergangene Marktsituationen zu berücksichtigen, wie z. B. Trends, Schwankungsbreiten und turbulente Zeiten.
- **Wirtschaftliche Ereignisse:** Berücksichtigen Sie wichtige politische oder wirtschaftliche Entwicklungen, die sich auf Preisänderungen ausgewirkt haben könnten.

5. Software und Tools:

- **Wählen Sie eine verlässliche Plattform:** Nutzen Sie zuverlässige Backtesting-Plattformen oder Programme, die vergangene Marktsituationen getreu nachbilden.
- **Anpassungsoptionen:** Entscheiden Sie sich für Werkzeuge mit Anpassungsmöglichkeiten, damit Sie Ihren Ansatz präzise in die Tat umsetzen können.

6. Automatisierung:

- **Algorithmisches Backtesting:** Um Unstimmigkeiten und menschliche Fehler beim Testen algorithmischer Techniken zu vermeiden, sollten Sie den Backtesting-Prozess automatisieren.
- **Mehrere Iterationen:** Führen Sie mehrere Iterationen durch, um Änderungen der Marktbedingungen Rechnung zu tragen.

Analysieren von Leistungsmetriken:

1. Gewinn und Verlust (GuV):

- **Nettogewinn:** Ermitteln Sie den Nettogewinn für den Backtesting-Zeitraum, um die Gesamtrentabilität Ihrer Strategie zu bewerten.
- **Stetigkeit:** Bewerten Sie die Beständigkeit von Gewinnen und Verlusten unter verschiedenen Marktbedingungen.

2. Gewinn-Verlust-Verhältnis:

- **Prozentsatz der gewinnenden Geschäfte:** Bestimmen Sie das Verhältnis von Gewinn- zu Verlustgeschäften.
- **Risiko-Belohnung:** Denken Sie über die potenziellen Vor- und Nachteile jedes Geschäfts nach und stellen Sie sicher, dass Ersteres das Letztere übertrifft.

3. Maximale Inanspruchnahme:

- **Größter Peak-to-Trough-Rückgang:** Finden Sie heraus, wie riskant Ihr Ansatz sein könnte, indem Sie den größten Drawdown messen.
- **Erholungszeit:** Bewerten Sie, wie lange es dauert, bis sich die Strategie bei einem Abschwung erholt.

4. Sharpe Ratio:

- **Risikoadjustierte Renditen:** Um den Erfolg Ihrer Strategie nach Risikobereinigung zu messen, berechnen Sie die Sharpe-Ratio.
- **Benchmark-Vergleich:** Bewerten Sie die Sharpe Ratio im Vergleich zu Branchenstandards oder anderen möglichen Ansätzen.

5. Risiko des Ruins:

- **Wahrscheinlichkeit, alles zu verlieren:** Denken Sie an die Möglichkeit eines finanziellen Desasters oder an die Wahrscheinlichkeit, Ihr gesamtes Handelsgeld zu verlieren.

- **Anpassungsstrategien:** Sie können die Wahrscheinlichkeit einer Katastrophe verringern, indem Sie die Risikoeinstellungen oder die Positionsgröße anpassen.

6. *Durchschnittlicher Gewinn und durchschnittlicher Verlust:*

- **Ausmaß der Gewinne und Verluste:** Um das Ausmaß der Preisänderungen zu messen, untersuchen Sie die typische Größe erfolgreicher und erfolgloser Geschäfte.
- **Konsistenz in der Größe:** Achten Sie auf eine einheitliche Höhe der Gewinne und Verluste.

7. *Zeitabhängige Metriken:*

- **Dauer des Handels:** Finden Sie einen für Sie geeigneten Handelsansatz, indem Sie sich die durchschnittliche Dauer der Geschäfte ansehen.
- **Zeit auf dem Markt:** Finden Sie heraus, wie oft Ihr Geld auf dem Markt verwendet wird.

8. *Statistische Signifikanz:*

- **Monte-Carlo-Simulation:** Bewerten Sie die statistische Bedeutung Ihrer Ergebnisse aus dem Backtest mithilfe von Monte-Carlo-Simulationen.
- **Szenario-Analyse:** Untersuchen Sie verschiedene Szenarien und testen Sie Ihre Strategie unter verschiedenen Bedingungen.

9. *Bewertung des Risikomanagements:*

- **Konsistenz in der Anwendung:** Überprüfen Sie den Backtesting-Zeitraum, um festzustellen, ob Ihre Risikomanagement-Richtlinien konsequent umgesetzt wurden.
- **Anpassungsstrategien:** Lesen Sie die Leistungsmessungen und nehmen Sie entsprechende Anpassungen der Risikoeinstellungen vor.

10. *Visuelle Analyse:*

- **Equity-Kurve:** Um zu sehen, wie sich Ihr Ansatz im Laufe der Zeit entwickelt hat, zeichnen Sie die Aktienkurve.
- **Benchmark-Vergleich:** Vergleichen Sie die Aktienkurve mit relevanten Benchmarks oder Buy-and-Hold-Strategien.

11. *Aus Drawdowns lernen:*

- **Verstehen Sie die Ursachen:** Ermitteln Sie, was schief gelaufen ist und zu größeren Rückgängen geführt hat, und finden Sie heraus, wie Sie eine Wiederholung verhindern können.

Anpassungsfähigkeit: Wenden Sie die Erkenntnisse aus der Drawdown-Analyse an, um Ihren Ansatz flexibler zu gestalten.

Um Ihre Handelsstrategie zu überprüfen und zu verbessern, ist das Backtesting ein wichtiges Instrument. Die Stärken und Schwächen Ihrer Strategie lassen sich durch die Verwendung historischer Daten und die sorgfältige Analyse von Leistungskennzahlen besser verstehen. Um den Sprung vom Backtesting-Erfolg zur realen Rentabilität zu schaffen, müssen Sie Ihre Strategie ständig anpassen, flexibel auf sich ändernde Marktbedingungen reagieren und sich konsequent der methodischen Ausführung widmen.

Risiko-Ertrags-Verhältnis

Ein grundlegender Aspekt des erfolgreichen Handels ist das Verständnis und die effiziente Kontrolle des Risiko-Ertrags-Verhältnisses. In diesem Artikel erfahren Sie alles über die Berechnung und Umsetzung dieses Verhältnisses und wie Sie es für eine Vielzahl von Marktsituationen optimieren können.

Berechnen und Umsetzen:

1. Definition des Risiko-Ertrags-Verhältnisses:

- **Risiko im Vergleich zum potenziellen Gewinn:** Der potenzielle Gewinn im Vergleich zum möglichen Verlust bei einem Handel wird durch das Risiko-Ertrags-Verhältnis quantifiziert.
- **Ausgedrückt in einem Verhältnis:** Ausgesprochen als Verhältnis wie 1:2, besagt es, dass für jede Einheit Risiko zwei Einheiten Gewinn zu erwarten sind.

2. Kalkulation:

- **Risikoberechnung:** Der Abstand zwischen Ihrem Einstiegspunkt und Ihrem Stop-Loss-Niveau sollte bestimmt werden (der Betrag, den Sie bereit sind, für den Handel zu riskieren).
- **Berechnung der Belohnung:** Finden Sie heraus, wie weit es von Ihrem Startort bis zu Ihrem Gewinnpunkt (dem potenziellen Gewinnziel) ist.
- **Ratio-Ausdruck:** Machen Sie den möglichen Gewinn gleich dem mit sich selbst multiplizierten Risiko (z. B. 2:1).

3. Umsetzung:

- **Klare Ziele setzen:**

- **Stop-Loss-Order:** Legen Sie auf der Grundlage Ihrer Risikotoleranz und technischen Analyse eine Stop-Loss-Order auf einem geeigneten Niveau fest.
- **Gewinnmitnahme-Bestellung:** Bestimmen Sie einen Take-Profit-Betrag, der Ihnen eine gute Kapitalrendite (ROI) ermöglicht.

4. Position Sizing:

- **Anpassen der Positionsgröße:** Berücksichtigen Sie das geschätzte Risiko und das gewünschte Risiko-Ertrags-Verhältnis, wenn Sie die Höhe Ihres Einsatzes festlegen.
- **Konsistenz:** Achten Sie auf eine konsistente Positionsgröße, damit sie zu Ihrem Risikomanagementplan als Ganzes passt.

5. Szenario-Analyse:

- **Best-Case- und Worst-Case-Szenarien:** Um die möglichen Ergebnisse unter verschiedenen Marktschwankungen zu verstehen, sollte eine Szenarioanalyse durchgeführt werden.
- **Anpassungsstrategien:** Anpassung des Risiko-Ertrags-Verhältnisses der Strategie entsprechend den Ergebnissen der Szenario-Bewertungen.

Anpassung an die Marktbedingungen:

1. Überlegungen zur Volatilität:

- **Anpassung an die Marktvolatilität:** Vielleicht sollten Sie darüber nachdenken, Ihre Gewinnziele in wirklich unvorhersehbaren Märkten zu erweitern, damit Sie mit größeren Preisschwankungen umgehen können.
- **Verschärfung der Ziele bei geringer Volatilität:** Die Ziele sollten angepasst werden, um den geringeren Preisschwankungen bei niedriger Volatilität Rechnung zu tragen.

2. Markttrend:

- **Trendfolge vs. Gegentrend:** Ziehen Sie Trendfolgetechniken mit erweiterten Gewinnzielen in Märkten in Betracht, die sich in einem Trend befinden.
- **Gegentrend-Anpassungen:** Verwenden Sie eine Gegentrend-Taktik mit kürzeren Gewinnzielen, um sich an Märkte anzupassen, die sich in einer Bandbreite bewegen.

3. Zeitrahmen:

- **Intraday-Handel vs. Swing-Trading:** Je nach Zeitrahmen, in dem Sie handeln, sollten Sie das Risiko-Ertrags-Verhältnis entsprechend anpassen. Während Swing-Trader größere Verhältnisse anstreben, bevorzugen Intraday-Händler kleinere.
- **Langfristiges Investieren:** Für Anleger mit einem längeren Zeithorizont kann ein anderes Risiko-Ertrags-Verhältnis angemessen sein.

4. Wirtschaftliche Ereignisse:

- **Wichtige Ereignisse und Pressemitteilungen:** Die Volatilität kann als Reaktion auf wichtige wirtschaftliche Ankündigungen oder Nachrichtenereignisse zunehmen. Sie sollten Ihr Risiko-Ertrags-Verhältnis angesichts der Möglichkeit größerer Kursschwankungen neu bewerten.
- **Anpassungen während der Gewinnsaison:** Stellen Sie sicher, dass Sie Ihr Risiko-Ertrags-Verhältnis beim Aktienhandel anpassen, insbesondere während der Gewinnsaison, um etwaige Lücken zu berücksichtigen.

5. Ungünstige Bedingungen:

- **Anpassung an ungünstige Bedingungen:** Erwägen Sie eine Verschärfung des Risiko-Ertrags-Verhältnisses, um das Risikomanagement in ungünstigen Marktsituationen wie geringer Liquidität oder übermäßiger Unsicherheit zu verbessern.
- **Erhaltung des Kapitals:** Betonen Sie die Notwendigkeit der Kapitalerhaltung, indem Sie die Quoten im Lichte der aktuellen Marktbedenken ändern.

6. Historische Leistungsanalyse:

- **Lernen Sie aus historischen Trades:** Finden Sie Trends in Ihrem erfolgreichen Risiko-Ertrags-Verhältnis, indem Sie Ihre Handelsperformance analysieren.
- **Iterative Anpassungen:** Nehmen Sie auf der Grundlage der aus früheren Leistungen gewonnenen Erkenntnisse iterative Änderungen vor.

7. Makroökonomische Trends:

- **Makro-Trends einbeziehen:** Denken Sie an das große Ganze und ändern Sie Ihr Risiko-Ertrags-Verhältnis so, dass es mit dem Markt als Ganzes übereinstimmt.
- **Anpassungen von Währungen und Rohstoffen:** Nehmen Sie beim Handel mit Rohstoffen oder Währungen Änderungen auf der Grundlage makroökonomischer Faktoren vor.

8. Psychologische Überlegungen:

- **Risikoaversion vs. Risikobereitschaft:** Bestimmen Sie, wie risikofreudig Sie sind, und passen Sie das Risiko-Ertrags-Verhältnis entsprechend an.

Disziplin und Konsequenz: Um übereilte Entscheidungen zu vermeiden, sollten Sie konsequent und diszipliniert mit dem Risiko-Ertrags-Verhältnis umgehen.

Das Risiko-Ertrags-Verhältnis ist eine Schlüsselkomponente der Handelsstrategie und beeinflusst das Risikomanagement und die Rentabilität. Für die Berechnung, Anwendung und Änderung dieses Verhältnisses ist es notwendig, den Markt, die Volatilität und die eigenen Handelspräferenzen genau zu verstehen. Um diszipliniert und methodisch durch die sich ständig verändernden Finanzmärkte zu navigieren, empfiehlt es sich, das Risiko-Ertrags-Verhältnis als Teil der Handelsstrategie regelmäßig zu bewerten und anzupassen.

Psychologie des Handels

Ein gründliches Verständnis der psychologischen Komponenten, die die Entscheidungsfindung beeinflussen, ist neben der technischen Analyse für einen erfolgreichen Handel unerlässlich. Hier werfen wir einen Blick auf die mentale Seite des Handels und sehen, wie Sie diszipliniert bleiben und emotionale Hindernisse überwinden können, insbesondere wenn Sie Geld verlieren.

Emotionale Herausforderungen überwinden:

1. Erkennen von emotionalen Auslösern:

- **Angst und Gier:** Die Handelsentscheidungen, die Sie treffen, können durch starke Emotionen wie Gier und Angst beeinflusst werden.
- **FOMO (Fear of Missing Out):** Erkennen Sie die Angst, etwas zu verpassen, und die Auswirkungen, die sie auf das impulsive Eingehen von Geschäften haben kann.

2. Emotionales Bewusstsein schaffen:

- **Techniken der Achtsamkeit:** Üben Sie sich in Achtsamkeit, um beim Handeln mehr Selbstbewusstsein zu entwickeln.
- **Tagebuch führen:** Wenn Sie herausfinden wollen, was Ihre Trading-Episoden auslöst, ist das Führen eines Trading-Notizbuchs ein guter Anfang.

3. Risikowahrnehmung:

- **Verstehen Sie Ihre Risikotoleranz:** Wenn Sie ruhig bleiben wollen, während der Markt nach unten geht, müssen Sie wissen, wie viel Risiko Sie tragen können.
- **Kognitive Verzerrungen:** Die Risikowahrnehmung kann durch kognitive Verzerrungen wie Verlustaversion und Verankerung verzerrt werden.

4. Geduld und Impulsivität:

- **Geduld entwickeln:** Kultivieren Sie Geduld, um auf günstige Handelsgelegenheiten zu warten.
- **Vermeiden Sie impulsive Entscheidungen:** Um überstürzte Entscheidungen zu vermeiden, sollten Sie zwischen dem Auftreten von Marktereignissen und Ihrer Reaktion etwas Zeit verstreichen lassen.

5. Stressbewältigung:

- **Techniken zum Stressabbau:** Um bei den Marktveränderungen gelassen zu bleiben, sollten Sie Strategien zum Stressabbau wie Meditation oder tiefes Atmen anwenden.
- **Ausgeglichener Lebensstil:** Verringern Sie Ihr Stressniveau, indem Sie eine gesunde Routine einhalten, zu der ausreichend Schlaf, regelmäßige sportliche Betätigung und eine gesunde Ernährung gehören.

6. Sich an Verluste anpassen:

- **Normalisierung von Verlusten:** Sie sollten Ihre Verluste normalisieren, denn sie sind ein natürlicher Bestandteil des Handels.
- **Aus Verlusten lernen:** Versuchen Sie, Rückschläge nicht als Ausdruck Ihrer eigenen Unzulänglichkeiten zu sehen, sondern als Chance, zu wachsen und sich weiterzuentwickeln.

Aufrechterhaltung der Disziplin angesichts von Verlusten:

1. Regelbasierter Handel:

- **Klare Regeln aufstellen:** Stellen Sie sicher, dass Sie über ein gründliches Regelwerk für den Handel verfügen, das alle Aspekte vom Markteintritt und -austritt bis hin zum Risikomanagement und der Größenordnung Ihrer Positionen umfasst.
- **Prozesse automatisieren:** Wenn Sie trotz Ihrer Emotionen bessere Handelsentscheidungen treffen wollen, automatisieren Sie einen Teil Ihrer Strategie.

2. *Risikomanagement:*

- **Festlegen von Stop-Loss-Levels:** Begrenzen Sie mögliche Verluste, indem Sie vorgegebene Stop-Loss-Limits einführen und einhalten.
- **Positionsgrößenbestimmung:** Sie können das Gesamtrisiko Ihres Portfolios kontrollieren, indem Sie Ihre Positionen entsprechend Ihrer Risikotoleranz konsequent dimensionieren.

3. *Aus Fehlern lernen:*

- **Nachbörsliche Analyse:** Erfahren Sie, warum Sie Geld verloren haben, indem Sie eine gründliche Nachhandelsanalyse durchführen.
- **Iterative Verbesserung:** Verfeinern Sie Ihre Strategie kontinuierlich auf der Grundlage der Lektionen, die Sie aus vergangenen Fehlern gelernt haben.

4. *Visualisierungstechniken:*

- **Positive Visualisierung:** Verstärken Sie eine disziplinierte Mentalität, indem Sie sich erfolgreiche Transaktionen und angenehme Ergebnisse vorstellen.
- **Planung von Eventualitäten:** Bereiten Sie sich mental auf potenzielle Verluste vor und planen Sie Eventualitäten, um die Ruhe zu bewahren.

5. *Konzentrieren Sie sich auf den Prozess, nicht auf das Ergebnis:*

- **Prozessorientierter Ansatz:** Lenken Sie Ihre Aufmerksamkeit von den Ergebnissen bestimmter Transaktionen auf die methodische Anwendung Ihrer Handelsstrategie.
- **Langfristige Perspektive:** Betrachten Sie die Dinge langfristig und akzeptieren Sie, dass Rückschläge im Hier und Jetzt nur Trittsteine auf dem Weg zum Erfolg sind.

6. *Losgelöstheit annehmen:*

- **Loslösen von Ergebnissen:** Schaffen Sie eine gewisse emotionale Distanz zum Schicksal bestimmter Geschäfte.
- **Objektive Bewertung:** Lassen Sie Ihre Emotionen beiseite und bewerten Sie die Geschäfte logisch anhand der von Ihnen festgelegten Kriterien.

7. *Gemeinschaft und Mentorschaft:*

- **Sich in einer Gemeinschaft engagieren:** Schließen Sie sich einem Fachforum oder einer Mentorengruppe an, wo Sie fachsimpeln und sich austauschen können.

- **Externe Sichtweise:** In schwierigen Situationen kann es hilfreich sein, andere Meinungen einzuholen, um konstruktive Kritik und Orientierung zu erhalten.

8. Regelmäßige Bewertung:

- **Regelmäßige Selbstbeurteilung:** Beurteilen Sie Ihren emotionalen Zustand und die Einhaltung der Handelsdisziplin durch regelmäßige Selbsteinschätzungen.
- **Anpassungen nach Bedarf:** Wenn Sie merken, dass Sie beim Handeln emotional ermüden, sollten Sie entweder Ihre Strategie ändern oder Pausen einlegen.

9. Kontinuierliches Lernen:

- **Psychologische Ausbildung:** Widmen Sie sich dem Studium der Handelspsychologie, damit Sie typische Hindernisse erkennen und Wege finden können, diese zu überwinden.

Anpassen an persönliches Wachstum: Ihre psychologische Belastbarkeit wird sich im Laufe Ihres Lebens verändern, das sollten Sie nicht vergessen.

Handelspsychologie ist eine sich ständig weiterentwickelnde Kunstform, die Selbstbeobachtung, Selbstbeherrschung und Ausdauer erfordert. Sie können Ihre Chancen auf langfristigen Erfolg auf den komplizierten Finanzmärkten erhöhen, indem Sie proaktiv mit emotionalen Hindernissen umgehen, aus Verlusten lernen und eine disziplinierte Haltung einnehmen. Um in der sich ständig verändernden und manchmal überraschenden Welt des Handels erfolgreich zu sein, müssen Sie eine robuste Einstellung haben und Ihren psychologischen Ansatz ständig verbessern.

Kapitel 5
Praktische Tipps für erfolgreiches Daytrading

Entwickeln einer täglichen Routine

Ein wichtiger Bestandteil des Lebens eines guten Händlers ist eine feste tägliche Routine. Mit Hilfe dieses Leitfadens kann ein Tagesablauf erstellt werden, der eine effiziente Vorbereitung vor dem Markt und eine umfassende Bewertung nach dem Markt umfasst.

Vorbereitung auf den Markt:

1. Morgenroutine:

- **Frühes Aufwachen:** Beginnen Sie Ihren Tag früh, um sich an den vorbörslichen Bewegungen und den globalen Markteröffnungen zu orientieren.
- **Gesunde Gewohnheiten:** Nehmen Sie gesunde Gewohnheiten an, wie z. B. Sport oder Meditation, um Ihren Geist und Körper zu stärken.

2. Nachrichten und Marktanalysen:

- **Marktnachrichten:** Bleiben Sie über Nacht mit globalen Nachrichten und Marktentwicklungen auf dem Laufenden.
- **Wirtschaftskalender:** Überprüfen Sie den Wirtschaftskalender auf geplante Ereignisse und Wirtschaftsindikatoren.

3. *Scannen vor der Markteinführung:*

- **Vermögensanalyse:** Führen Sie eine vorbörsliche Analyse der Vermögenswerte durch, die Sie handeln möchten.
- **Technische Analyse:** Identifizieren Sie potenzielle Einstiegs- und Ausstiegspunkte auf der Grundlage der technischen Analyse.

4. *Überprüfung des Handelsplans:*

- **Handelsplan:** Überprüfen Sie Ihren Handelsplan und Ihre Ziele für den Tag.
- **Risikomanagement:** Bestätigen Sie die Parameter für das Risikomanagement und legen Sie geeignete Stop-Loss- und Take-Profit-Niveaus fest.

5. *Technologie-Check:*

- **Technologie-Einrichtung:** Stellen Sie sicher, dass Ihre Handelsplattform, Ihr Computer und Ihre Internetverbindung stabil sind.
- **Backup-Pläne:** Halten Sie Notfallpläne für technische Probleme bereit.

6. *Checkliste vor der Markteinführung:*

- **Erstellung einer Checkliste:** Erstellen Sie eine Checkliste für die Zeit vor der Markteinführung, um sicherzustellen, dass Sie alle wichtigen Aufgaben abdecken.
- **Verfeinerung der Routine:** Verfeinern Sie Ihre vorbörsliche Routine kontinuierlich auf der Grundlage von Erfahrungen und sich ändernden Marktbedingungen.

Überprüfung nach der Markteinführung:

1. *Marktschlussanalyse:*

- **Schlusskurse:** Analysieren Sie die Schlusskurse und vergleichen Sie sie mit Ihren vorbörslichen Erwartungen.
- **Bewertung der Volatilität:** Bewertung der Marktvolatilität während des Handelstages.

2. *Rückblick auf den Handel:*

- **Handelsleistung:** Überprüfen Sie jeden ausgeführten Handel und analysieren Sie sowohl Gewinner als auch Verlierer.
- **Ausführungsanalyse:** Beurteilen Sie, wie gut Sie sich an Ihren Handelsplan gehalten haben und wie effektiv Ihre Ausführung war.

3. Tagebuch führen:

- **Handelsjournal:** Halten Sie detaillierte Notizen zu jedem Handel fest, einschließlich Einstiegs- und Ausstiegspunkte, Gründe, Emotionen und gelernte Lektionen.
- **Emotionale Reflexion:** Reflektieren Sie Ihren emotionalen Zustand während des Handels und ermitteln Sie Bereiche, die Sie verbessern können.

4. Leistungsmetriken:

- **Metriken überprüfen:** Analysieren Sie die wichtigsten Leistungskennzahlen, wie Gewinn-Verlust-Verhältnis, durchschnittlicher Gewinn, maximaler Drawdown und Risiko-Ertrags-Verhältnis.
- **Vergleich mit Benchmarks:** Vergleichen Sie Ihre Leistung mit Benchmarks oder Zielen, die Sie in Ihrem Handelsplan festgelegt haben.

5. Erkennen von Mustern:

- **Erkennung von Mustern:** Erkennen Sie wiederkehrende Muster in erfolgreichen und erfolglosen Geschäften.
- **Anpassungsstrategien:** Entwicklung von Strategien zur Anpassung an ähnliche Szenarien in der Zukunft.

6. Handelsplan anpassen:

- **Anpassungsbedarf:** Beurteilen Sie, ob Anpassungen in Ihrem Handelsplan erforderlich sind.
- **Verfeinerung der Strategie:** Überlegen Sie, wie Sie Ihre Strategie auf der Grundlage der Beobachtungen des Tages verfeinern können.

7. Kontinuierliches Lernen:

- **Bildungsressourcen:** Nutzen Sie die Bildungsressourcen, um sich über neue Markttrends oder Handelsstrategien zu informieren.
- **Webinare und Kurse:** Besuchen Sie Webinare oder Kurse, um Ihr Wissen und Ihre Fähigkeiten zu erweitern.

8. Vorbereitung auf die Zukunft:

- **Der morgige Ausblick:** Antizipieren Sie mögliche marktbewegende Ereignisse für den nächsten Tag.

- **Vorbereitungsschritte:** Skizzieren Sie die Schritte für die Vorbereitung auf den Markt am nächsten Tag.

9. Ruhe und Entspannung:

- **Entspannen Sie sich:** Nehmen Sie sich nach Börsenschluss Zeit, um sich zu entspannen.

Gesunde Abendroutine: Erstellen Sie einen Zeitplan, der es Ihnen ermöglicht, nachts gut zu schlafen.

Um als Trader erfolgreich zu sein, brauchen Sie einen geregelten Tagesablauf. Sie können eine Routine für kontinuierliche Entwicklung und Anpassung schaffen, indem Sie eine gründliche Vorbereitung vor dem Markt und eine Bewertung nach dem Markt in Ihren Tagesplan aufnehmen. Ihre Fähigkeit, sich an die sich ständig verändernden Finanzmärkte anzupassen, wird durch Ihr Engagement beim Lernen, Ihre Disziplin bei der Ausführung Ihrer Geschäfte und Ihre Hingabe zur Verbesserung Ihrer Routine gestärkt.

Diversifizierung und Portfoliomanagement

Eine kluge Auswahl von Vermögenswerten und die Umsetzung von Plänen zur Risikominderung und Renditemaximierung sind die beiden Hauptkomponenten einer effektiven Portfoliomanagementstrategie. Erfahren Sie, wie Sie Ihre Bestände diversifizieren und Ihr Portfolio so verwalten können, dass Sie nicht durch zu viel oder zu wenig Handel Geld verlieren.

Vermeiden von Overtrading:

1. Eindeutig definierter Handelsplan:

- **Vordefinierte Kriterien:** Legen Sie in Ihrem Handelsplan klare Kriterien für die Aufnahme und Beendigung von Geschäften fest.
- **Vermeiden Sie impulsive Handlungen:** Halten Sie sich an den Plan und vermeiden Sie Abweichungen aufgrund von emotionalen Reaktionen oder kurzfristigen Marktschwankungen.

2. Risiko-Belohnungs-Bewertung:

- **Bewerten Sie potenzielle Handelsgeschäfte:** Führen Sie eine gründliche Risiko-Ertrags-Bewertung durch, bevor Sie einen Handel eingehen.
- **Qualität vor Quantität:** Bevorzugen Sie qualitativ hochwertige Geschäfte mit einem günstigen Risiko-Ertrags-Verhältnis, anstatt ein übermäßiges Handelsvolumen anzustreben.

3. *Handelslimits festlegen:*

- **Tägliches Verlustlimit:** Legen Sie ein tägliches Verlustlimit fest, um erhebliche Rückschläge zu vermeiden.
- **Maximale Anzahl von Geschäften pro Tag:** Legen Sie eine maximale Anzahl von Geschäften pro Tag fest, um ein übermäßiges Engagement zu vermeiden.

4. *Überlegungen zur Handelsgröße:*

- **Regeln zur Positionsgrößenbestimmung:** Implementieren Sie Regeln für die Positionsgröße, die auf Ihrer Gesamtportfoliogröße und Risikotoleranz basieren.
- **Konsistente Allokation:** Achten Sie auf einen gleichmäßigen Umfang Ihrer Geschäfte, um ein unverhältnismäßiges Engagement zu vermeiden.

5. *Überprüfen und lernen:*

- **Post-Trade-Analyse:** Führen Sie eine gründliche Post-Trade-Analyse durch, um Over-Trading-Tendenzen zu erkennen.
- **Kontinuierliches Lernen:** Lernen Sie aus Ihren Erfahrungen und passen Sie Ihren Ansatz an, um Overtrading in Zukunft zu minimieren.

Risikoausgleich zwischen den einzelnen Positionen:

1. *Diversifizierung der Vermögenswerte:*

- **Streuen Sie über verschiedene Anlageklassen:** Diversifizieren Sie Ihr Portfolio über verschiedene Anlageklassen, wie Aktien, Anleihen und Rohstoffe.
- **Globale Diversifizierung:** Ziehen Sie internationale Märkte in Betracht, um Ihr Engagement weiter zu diversifizieren.

2. *Sektorale Aufteilung:*

- **Branchendiversifizierung:** Verteilen Sie Ihre Investitionen auf verschiedene Branchen, um sektorspezifische Risiken zu mindern.
- **Wirtschaftliche Sensibilität:** Achten Sie auf die Konjunkturzyklen und passen Sie die sektoralen Zuweisungen entsprechend an.

3. *Marktkapitalisierung:*

- **Mischung von Marktkapitalisierungen:** Eine Mischung aus Large-Cap-, Mid-Cap- und Small-Cap-Aktien sorgt für ein vielfältiges Marktengagement.

- **Abgleich der Risikotoleranz:** Richten Sie das Marktkapitalisierungsengagement an Ihrer Risikotoleranz aus.

4. Geografische Diversifizierung:

- **Regionales Engagement:** Verteilen Sie Ihre Anlagen auf viele Regionen, um Ihre Abhängigkeit von der Wirtschaft einer einzelnen Region zu verringern.
- **Aufstrebende Märkte:** Sie sollten über Investitionen in Schwellenländern nachdenken, wenn Sie nach Möglichkeiten der Expansion suchen.

5. Einzelpositionsrisiko:

- **Grenzen für die Positionskonzentration:** Legen Sie Grenzen für den Prozentsatz Ihres Portfolios fest, der auf eine einzelne Position entfällt.
- **Regelmäßige Überprüfung:** Überprüfen Sie regelmäßig einzelne Positionen und nehmen Sie bei Bedarf eine Neugewichtung vor.

6. Risikoadjustierte Renditen:

- **Sharpe-Ratio-Analyse:** Bewerten Sie die risikobereinigten Renditen der einzelnen Positionen anhand von Kennzahlen wie der Sharpe Ratio.
- **Optimierungs-Strategien:** Optimierung des Portfolios für das beste risikobereinigte Renditepotenzial.

7. Korrelationsanalyse:

- **Bewertung der Korrelation:** Berücksichtigen Sie die Korrelationen zwischen verschiedenen Vermögenswerten, um eine echte Diversifizierung zu gewährleisten.
- **Niedrige oder negative Korrelation:** Suchen Sie nach Vermögenswerten mit niedrigen oder negativen Korrelationen, um die Risikokonzentration zu minimieren.

8. Protokolle zum Risikomanagement:

- **Stop-Loss-Aufträge:** Setzen Sie Stop-Loss-Aufträge ein und halten Sie sie ein, um mögliche Verluste zu begrenzen.
- **Portfolioweite Risikolimits:** Legen Sie portfolioweite Risikolimits fest, um das Gesamtrisiko zu steuern.

9. Regelmäßige Neugewichtung des Portfolios:

- **Regelmäßige Bewertung:** Führen Sie regelmäßige Bewertungen der Leistung Ihres Portfolios und der Marktbedingungen durch.

- **Rebalancing-Strategien:** Neuausrichtung des Portfolios durch den Verkauf von Vermögenswerten mit überdurchschnittlicher Wertentwicklung und den Kauf von Vermögenswerten mit unterdurchschnittlicher Wertentwicklung, um die gewünschte Vermögensaufteilung beizubehalten.

10. Stresstests:

- **Szenario-Analyse:** Durchführung von Stresstests, um die Auswirkungen von ungünstigen Marktbedingungen auf das Portfolio zu bewerten.
- **Notfallplanung:** Entwickeln Sie Notfallpläne für Extremszenarien.

Um beim Handel langfristig erfolgreich zu sein, müssen Sie Diversifizierung und ein gutes Portfoliomanagement praktizieren. Ihre Fähigkeit, mit unterschiedlichen Marktsituationen umzugehen, wird verbessert, wenn Sie nicht zu viel handeln und das Risiko sorgfältig auf Ihre Positionen verteilen. Wenn Sie wollen, dass Ihr Anlageportfolio widerstandsfähig und rentabel ist, müssen Sie es häufig überprüfen, Risikomanagementmaßnahmen anwenden und jeden Tag etwas Neues lernen.

Anpassung an Marktveränderungen

Die Fähigkeit, sich an neue Gegebenheiten anzupassen, ist für Händler und Investoren auf den sich ständig verändernden Finanzmärkten von entscheidender Bedeutung. In diesem Buch geht es darum, zu verstehen, wie wichtig es ist, die Marktbedingungen im Auge zu behalten, und wie Sie Ihren Plan entsprechend anpassen können.

Erkennen der Marktbedingungen:

1. Identifizierung von Trends:

- **Aufwärtstrends und Abwärtstrends:** Nutzen Sie die technische Analyse, um vorherrschende Aufwärts- oder Abwärtstrends auf dem Markt zu erkennen.
- **Gleitende Durchschnitte:** Verwenden Sie gleitende Durchschnitte, um Preisdaten zu glätten und zugrunde liegende Trends hervorzuheben.

2. Bewertung der Volatilität:

- **Analyse der historischen Volatilität:** Bewerten Sie die historische Volatilität, um das Ausmaß der Kursschwankungen zu beurteilen.
- **Implizite Volatilität:** Beobachten Sie die implizite Volatilität, insbesondere auf den Optionsmärkten, um Hinweise auf künftige Kursschwankungen zu erhalten.

3. Marktstimmung:

- **Überwachung von Nachrichten und sozialen Medien:** Bleiben Sie durch Nachrichtenquellen und soziale Medien über die Marktstimmung informiert.
- **Contrarian-Indikatoren:** Verwenden Sie konträre Indikatoren, um zu beurteilen, ob der Markt übermäßig bullish oder bearish ist.

4. Wirtschaftsindikatoren:

- **Vorlaufende, nachlaufende und zusammenfallende Indikatoren:** Verstehen Sie die Bedeutung von vorlaufenden, nachlaufenden und zusammenfallenden Wirtschaftsindikatoren.
- **Makroökonomische Trends:** Beobachten Sie breitere Wirtschaftstrends, um Marktveränderungen zu antizipieren.

5. Marktbreite:

- **Advance-Decline-Linien:** Analysieren Sie Advance-Decline-Linien, um die Breite des Marktes zu messen.
- **Sektorleistung:** Verfolgen Sie die Entwicklung der verschiedenen Sektoren, um einen Einblick in die allgemeine Marktlage zu erhalten.

6. Candlestick-Patterns:

- **Umkehrung und Fortsetzung von Mustern:** Erkennen Sie Candlestick-Muster, die auf mögliche Trendumkehrungen oder -fortsetzungen hinweisen.
- **Muster-Bestätigung:** Bestätigen Sie Muster mit anderen technischen Indikatoren, um die Zuverlässigkeit zu erhöhen.

7. Fundamentalanalyse:

- **Gewinnberichte und Wirtschaftsdaten:** Prüfen Sie die Gewinnberichte der Unternehmen und die Wirtschaftsdaten, um sich ein Bild von der fundamentalen Lage zu machen.
- **Politische Änderungen:** Informieren Sie sich über wirtschaftspolitische Änderungen, die sich auf die Märkte auswirken können.

Passen Sie Ihre Strategie entsprechend an:

1. Flexible Handelspläne:

- **Szenario-Planung:** Entwickeln Sie Szenarien auf der Grundlage verschiedener Marktbedingungen und passen Sie Ihren Handelsplan entsprechend an.
- **Eventualstrategien:** Verfügen Sie über Notfallstrategien für unterschiedliche Grade der Volatilität.

2. Anpassungen des Zeitrahmens:

- **Intraday-Handel vs. Swing-Trading:** Wechseln Sie je nach den vorherrschenden Marktbedingungen zwischen Intraday- und Swing-Trading.
- **Langfristiges Investieren:** Ziehen Sie in Betracht, Ihr Portfolio in stabilen Marktphasen auf langfristige Anlagestrategien umzustellen.

3. Optimierungen im Risikomanagement:

- **An die Volatilität angepasste Stops:** Passen Sie die Stop-Loss-Niveaus auf der Grundlage der aktuellen Marktvolatilität an.
- **Änderung der Positionsgröße:** Ändern Sie die Positionsgrößen als Reaktion auf veränderte Marktbedingungen.

4. Sektor Rotation:

- **Erkennen von Stärken und Schwächen:** Identifizieren Sie Sektoren, die unter verschiedenen Marktbedingungen Stärken und Schwächen aufweisen.
- **Sektor-Exposure anpassen:** Passen Sie das Sektorengagement Ihres Portfolios entsprechend an.

5. Taktische Vermögensallokation:

- **Strategische vs. taktische Maßnahmen:** Unterscheiden Sie zwischen langfristigen strategischen Investitionen und kurzfristigen taktischen Maßnahmen.
- **Neubewertung der Vermögensallokation:** Neubewertung der gesamten Vermögensallokation auf der Grundlage des sich ändernden wirtschaftlichen Umfelds.

6. Strategien zur Diversifizierung:

- **Anpassung der Anlageklassen:** Verschieben Sie die Zuweisungen zwischen den Anlageklassen auf der Grundlage der erwarteten Marktbewegungen.

- **Überlegungen zu sicheren Häfen:** Ziehen Sie in Zeiten erhöhter Unsicherheit eine Umschichtung in sichere Häfen in Betracht.

7. Nutzung der Indikatoren:

- **Dynamische Indikatorauswahl:** Wählen Sie technische Indikatoren, die auf das aktuelle Marktumfeld abgestimmt sind.
- **Bestätigung der Indikatoren:** Suchen Sie die Bestätigung durch mehrere Indikatoren, um die Entscheidungsfindung zu verbessern.

8. Anpassungsfähigkeit und ständiges Lernen:

- **Aus Erfahrung lernen:** Lernen Sie aus vergangenen Erfahrungen und passen Sie Ihre Strategie entsprechend an.
- **Informiert bleiben:** Bleiben Sie kontinuierlich über Marktentwicklungen und neue Handelsstrategien informiert.

9. Simulation und Backtesting:

- **Szenario-Simulation:** Nutzen Sie Szenariosimulation und Backtesting, um die Leistung Ihrer Strategie unter verschiedenen Marktbedingungen zu bewerten.
- **Iterative Verfeinerung:** Iterieren und verfeinern Sie Ihre Strategie auf der Grundlage der aus den simulierten Szenarien gewonnenen Erkenntnisse.

10. Geistige Bereitschaft:

- **Psychologische Widerstandsfähigkeit:** Entwickeln Sie psychologische Widerstandsfähigkeit, um den Stress der Anpassung an sich verändernde Märkte zu bewältigen.
- **Flexibilität der Denkweise:** Pflegen Sie eine Denkweise, die sich auf Veränderungen einlässt und Marktveränderungen als Chance sieht.

Erfolgreiche Händler und Investoren sind in der Lage, sich an Veränderungen auf dem Markt anzupassen. Sie können sich für den Erfolg in verschiedenen Marktszenarien positionieren, indem Sie die Marktbedingungen genau beobachten und Ihren Ansatz proaktiv anpassen. Sie können Ihre Fähigkeiten, sich auf den dynamischen Finanzmärkten zurechtzufinden, verbessern, indem Sie technische und fundamentale Analysen kombinieren, strategisch flexibel sind und sich zu kontinuierlichem Lernen verpflichten.

Kontinuierliches Lernen und Verbesserung

Für Händler, die auf den dynamischen Finanzmärkten dauerhaft erfolgreich sein wollen, ist es unerlässlich, sich ständig weiterzubilden und zu entwickeln. In diesem Tutorial werden Methoden zur Beobachtung von Markttrends und zum Lernen aus Trades vorgestellt.

Über Marktentwicklungen auf dem Laufenden bleiben:

1. Nachrichten und Informationsquellen:

- **Vielfältige Nachrichtenquellen:** Informieren Sie sich regelmäßig über eine Vielzahl seriöser Nachrichtenmedien, um den Markt in Echtzeit zu verfolgen.
- **Finanz-Websites:** Erkunden Sie Finanzwebsites und -plattformen, die detaillierte Analysen und Einblicke bieten.

2. Wirtschaftskalender:

- **Geplante Ereignisse:** Informieren Sie sich in den Wirtschaftskalendern über anstehende wirtschaftliche Veröffentlichungen und Veranstaltungen.
- **Folgenabschätzung:** Bewertung der potenziellen Auswirkungen von geplanten Ereignissen auf verschiedene Anlageklassen.

3. Branchenberichte und Forschung:

- **Branchenspezifische Berichte:** Greifen Sie auf Branchenberichte und Forschungsergebnisse zu, um Einblicke in bestimmte Sektoren zu erhalten.
- **Marktforschungsinstitute:** Folgen Sie renommierten Marktforschungsunternehmen für umfassende Analysen.

4. Finanzanalysten und Experten:

- **Expertenmeinungen:** Hören Sie Finanzanalysten und Experten in Interviews, Podcasts oder Webinaren zu.
- **Gegensätzliche Ansichten:** Setzen Sie sich mit kontrastierenden Ansichten auseinander, um verschiedene Perspektiven auf die Marktbedingungen zu verstehen.

5. Foren und Gemeinschaften:

- **Online-Foren:** Nehmen Sie an Online-Foren und -Communities teil, um Markttrends und Strategien zu diskutieren.

- **Soziale Medien:** Folgen Sie relevanten Konten auf Social-Media-Plattformen für Diskussionen in Echtzeit.

6. Makrotrends und globale Ereignisse:

- **Globale Wirtschaftstrends:** Beobachten Sie makroökonomische Trends und globale Ereignisse, um deren Auswirkungen auf die Finanzmärkte zu beurteilen.
- **Geopolitische Entwicklungen:** Bleiben Sie auf dem Laufenden über geopolitische Entwicklungen, die die Marktstimmung beeinflussen.

7. Ankündigungen der Zentralbank:

- **Zinsentscheidungen:** Achten Sie auf die Ankündigungen der Zentralbanken, insbesondere auf Zinsentscheidungen.
- **Politische Erklärungen:** Analysieren Sie die politischen Erklärungen der Zentralbanken, um Hinweise auf die künftige Wirtschaftslage zu erhalten.

Von jedem Handel lernen:

1. Handelsjournalismus:

- **Detaillierte Aufzeichnungen:** Führen Sie ein detailliertes Handelsjournal für jeden ausgeführten Handel.
- **Emotionale Reflexion:** Reflektieren Sie Ihren emotionalen Zustand während des Handels und wie er die Entscheidungsfindung beeinflusst hat.

2. Post-Trade-Analyse:

- **Objektive Bewertung:** Führen Sie eine objektive Analyse nach dem Handel durch und bewerten Sie die Gründe für jeden Handel.
- **Leistungsmetriken:** Bewerten Sie die wichtigsten Leistungskennzahlen, wie z. B. das Gewinn-Verlust-Verhältnis und das Risiko-Ertrags-Verhältnis.

3. Erkennen von Mustern:

- **Erfolgreiche und erfolglose Muster:** Erkennen Sie Muster in erfolgreichen und erfolglosen Geschäften.
- **Wiederkehrende Themen:** Erkennen Sie wiederkehrende Themen im Handel, um zukünftige Entscheidungen zu treffen.

4. Anpassungsstrategien:

- **Iterative Anpassungen:** Nehmen Sie iterative Anpassungen an Ihrer Strategie vor, die auf den Erkenntnissen der Post-Trade-Analyse basieren.
- **Kontinuierliche Verfeinerung:** Verinnerlichen Sie eine Denkweise der kontinuierlichen Verfeinerung und passen Sie Ihren Ansatz nach Bedarf an.

5. Benchmarking gegen Ziele:

- **Zielüberprüfung:** Überprüfen Sie regelmäßig Ihre Handelsziele und vergleichen Sie Ihre Leistung mit diesen Zielen.
- **Anpassungsstrategien:** Passen Sie Ihre Ziele an die sich verändernden Marktbedingungen und Ihr persönliches Wachstum an.

6. Szenario-Analyse:

- **Szenario-Simulation:** Führen Sie eine Szenarioanalyse durch, um verschiedene Marktbedingungen zu simulieren.
- **Entscheidungsfindung in Stressszenarien:** Üben Sie die Entscheidungsfindung in Stressszenarien, um besser vorbereitet zu sein.

7. Feedback und Mentoring:

- **Feedback einholen:** Holen Sie sich Feedback von Mentoren oder erfahrenen Händlern, um externe Perspektiven zu gewinnen.
- **Mentoring-Programme:** Ziehen Sie die Teilnahme an Mentorenprogrammen in Betracht, um Ihre Lernkurve zu beschleunigen.

8. Bildungsressourcen:

- **Kurse und Webinare:** Nehmen Sie an Kursen und Webinaren teil, um Ihr Wissen zu erweitern.
- **Bücher und Forschungsarbeiten:** Lesen Sie Bücher und Forschungsarbeiten über Handelsstrategien und Marktdynamik.

9. Psychologische Bewertung:

- **Entwicklung emotionaler Intelligenz:** Arbeiten Sie an der Entwicklung emotionaler Intelligenz, um Stress und Entscheidungsfindung besser zu bewältigen.
- **Achtsamkeitspraktiken:** Führen Sie Achtsamkeitsübungen ein, um während des Handels präsent und konzentriert zu bleiben.

***10.** Engagement für die Gemeinschaft:*

- **Handelsgemeinschaften:** Beteiligen Sie sich an Handelsgemeinschaften, um Erfahrungen auszutauschen und von Gleichgesinnten zu lernen.
- **Networking-Veranstaltungen:** Nehmen Sie an Networking-Veranstaltungen und Konferenzen teil, um Kontakte zu Fachleuten aus der Branche zu knüpfen.

Die Grundlage für einen erfolgreichen Handelsberuf ist die Verpflichtung zu lebenslangem Lernen und Wachstum. Sie können Ihr Denken trainieren, um belastbar und anpassungsfähig zu sein, indem Sie sich über Marktnachrichten aus einer Vielzahl von Quellen auf dem Laufenden halten und aus jedem Geschäft etwas Neues lernen. Wenn Sie ein besserer Händler auf den dynamischen Finanzmärkten werden wollen, müssen Sie dem Lernen Priorität einräumen, offen für Kritik sein und Ihre Fortschritte ständig bewerten.

Überprüfung Ihrer Fortschritte

Bevor Sie Ihre Reise zum Daytrading für Anfänger abschließen, ist es wichtig, eine Bestandsaufnahme all dessen zu machen, was Sie erreicht haben. Indem Sie eine Bestandsaufnahme Ihrer Fortschritte machen, Wachstumsbereiche ausfindig machen und für die Zukunft planen, wird Ihnen dieser reflektierende Ansatz gute Dienste leisten. Im Folgenden finden Sie einen Leitfaden, der Sie bei dieser wichtigen Bewertung unterstützt:

Bewerten Sie Ihre Leistungen:

1. Verständnis der Grundlagen des Daytradings:

- Überdenken Sie Ihr Verständnis der grundlegenden Daytrading-Konzepte.
- Überlegen Sie, wie gut Sie die Grundprinzipien des Daytradings, einschließlich der Terminologie und der Marktmechanik, verinnerlicht haben.

2. Durchführung von Strategien:

- Bewerten Sie Ihre Fähigkeit, Day-Trading-Strategien auszuführen.
- Beurteilen Sie, ob Sie die in Ihrem Lernmaterial beschriebenen Strategien erfolgreich angewendet haben.

3. Risikomanagement-Fähigkeiten:

- Überdenken Sie Ihre Risikomanagementpraktiken.
- Beurteilen Sie, wie konsequent Sie Risikoparameter wie Stop-Loss- und Take-Profit-Niveaus festlegen und einhalten.

4. *Handelsanalyse und Entscheidungsfindung:*

- Überprüfen Sie Ihre Analyse und Ihren Entscheidungsprozess nach dem Handel.
- Bewerten Sie die Qualität Ihrer Handelsanalysen und die Wirksamkeit Ihrer Entscheidungen unter verschiedenen Marktbedingungen.

5. *Nutzung von Bildungsressourcen:*

- Überlegen Sie, wie gut Sie die Bildungsressourcen genutzt haben.
- Bewerten Sie, inwieweit Sie sich mit Kursen, Webinaren, Büchern und anderen Lernmaterialien beschäftigt haben, um Ihr Wissen zu vertiefen.

6. *Anpassung an Marktveränderungen:*

- Denken Sie über Ihre Fähigkeit nach, sich an veränderte Marktbedingungen anzupassen.
- Beurteilen Sie, wie gut Sie Marktveränderungen erkannt und Ihre Strategien entsprechend angepasst haben.

7. *Disziplin und emotionale Kontrolle:*

- Überprüfen Sie Ihre Disziplin und emotionale Kontrolle.
- Überlegen Sie, ob Sie in der Lage sind, Ihre Handelspläne einzuhalten und Ihre emotionale Gelassenheit zu bewahren, insbesondere in schwierigen Zeiten.

Identifizierung von Herausforderungen:

1. *Herausforderungen bei der Ausführung:*

- Erkennen Sie Schwierigkeiten bei der Ausführung von Geschäften.
- Bestimmen Sie spezifische Herausforderungen, wie Verzögerungen bei der Auftragsausführung oder Probleme mit Handelsplattformen.

2. *Hindernisse für das Risikomanagement:*

- Bewertung der Herausforderungen im Zusammenhang mit dem Risikomanagement.
- Ermittlung von Fällen, in denen die Umsetzung der Risikomanagementgrundsätze schwierig war oder in denen es zu Abweichungen kam.

3. *Hürden bei der Entscheidungsfindung:*

- Erkennen von Herausforderungen bei der Entscheidungsfindung.

- Identifizieren Sie Szenarien, in denen Entscheidungen suboptimal waren oder in denen Emotionen die Entscheidungen beeinflusst haben.

4. Lernlücken:

- Ermitteln Sie Bereiche mit Lernlücken oder Unklarheiten.
- Themen oder Konzepte aufzeigen, die einer weiteren Klärung oder Erforschung bedürfen.

5. Anpassung an Marktveränderungen:

- Bewertung der Schwierigkeiten bei der Anpassung an Marktveränderungen.
- Ermitteln Sie spezifische Marktbedingungen oder Ereignisse, die eine Herausforderung bei der Anpassung Ihrer Strategien darstellten.

6. Disziplin und emotionale Kontrolle:

- Erkennen Sie Fälle, in denen die Disziplin oder die emotionale Kontrolle nachlässt.
- Denken Sie an Momente zurück, in denen Emotionen wie Angst oder Gier Ihre Handelsentscheidungen beeinflusst haben könnten.

Strategische Anpassungen zur Verbesserung:

1. Gezielter Lernfokus:

- Passen Sie Ihre Lernschwerpunkte auf der Grundlage der festgestellten Lücken an.
- Setzen Sie Prioritäten für zusätzliche Studien oder Forschungsarbeiten in Bereichen, in denen es noch Probleme oder Unklarheiten gibt.

2. Entwicklung von Fertigkeiten:

- Entwickeln Sie gezielte Fähigkeiten zur Bewältigung von Herausforderungen.
- Erwägen Sie spezielle Übungen oder Praktiken, um die Ausführung, die Entscheidungsfindung oder die emotionale Kontrolle zu verbessern.

3. Verbessertes Risikomanagement:

- Umsetzung von Verbesserungen im Risikomanagement.
- Erwägen Sie Anpassungen Ihres Risikomanagementansatzes auf der Grundlage der aufgetretenen Herausforderungen.

4. Iterative Verfeinerung der Strategie:

- Verfeinern Sie Ihre Handelsstrategien iterativ.
- Beziehen Sie die aus den Herausforderungen gewonnenen Erkenntnisse in die kontinuierliche Verbesserung Ihrer Daytrading-Strategien ein.

5. Mentale und emotionale Bereitschaft:

- Stärkung der mentalen und emotionalen Bereitschaft.
- Erforschen Sie Achtsamkeitstechniken oder mentale Übungen, um Ihre Fähigkeit zu stärken, die psychologischen Aspekte des Handels zu bewältigen.

6. Feedback und Mentoring:

- Holen Sie sich Feedback von erfahrenen Händlern oder Mentoren.
- Nutzen Sie externe Perspektiven, um Einblicke in Herausforderungen zu gewinnen und Anleitungen zu deren Bewältigung zu erhalten.

7. Simulierte Praxis:

- Führen Sie eine simulierte Praxis durch.
- Nutzen Sie Handelssimulationen, um Ihre Fähigkeiten in einer risikofreien Umgebung zu üben und zu verfeinern.

Vorwärts bewegen:

1. Zielanpassung:

- Passen Sie Ihre Ziele auf der Grundlage der gewonnenen Erkenntnisse an.
- Vergewissern Sie sich, dass Ihre Handelsziele realistisch sind und mit Ihren sich entwickelnden Fähigkeiten übereinstimmen.

2. Langfristiger Lernplan:

- Entwickeln Sie einen langfristigen Lernplan.
- Erstellen Sie einen Fahrplan für kontinuierliches Lernen und setzen Sie Meilensteine für zukünftige Fortschritte.

3. Konsequenz und Geduld:

- Setzen Sie auf Konsequenz und Geduld.
- Machen Sie sich klar, dass die Beherrschung des Daytradings ein allmählicher Prozess ist, bei dem der Fortschritt schrittweise erfolgen kann.

4. Engagement für die Gemeinschaft:

- Bleiben Sie in der Handelsgemeinschaft engagiert.
- Nehmen Sie weiterhin an Foren, Diskussionen und Netzwerkveranstaltungen teil, um Ihre Perspektiven zu erweitern.

5. Kleine Siege feiern:

- Erkennen Sie kleine Erfolge an und feiern Sie sie.
- Anerkennen Sie Erfolge, auch wenn sie noch so gering erscheinen, um die Motivation und eine positive Einstellung aufrechtzuerhalten.

6. Iterative Überprüfung:

Planen Sie regelmäßige Bewertungen ein.

Um die Fortschritte zu überwachen und bei Bedarf Kurskorrekturen vorzunehmen, sollten Sie in regelmäßigen Abständen Reflexionsgespräche führen.

Denken Sie daran, dass das Lernen ein kontinuierlicher Prozess ist, wenn Sie Ihre Untersuchungen zum Daytrading für Anfänger abschließen. Mit jeder Schwierigkeit, der Sie sich stellen, und jeder Lektion, die Sie lernen, entwickeln Sie sich als Trader weiter. Sie können in der spannenden und sich ständig verändernden Welt des Daytradings erfolgreich sein, wenn Sie sich dem ständigen Lernen und Verbessern widmen.

- Planung für zukünftigen Erfolg

Es ist von entscheidender Bedeutung, einen Plan für den zukünftigen Erfolg zu entwerfen, wenn Sie Ihren Ausflug in den Daytrading für Anfänger abschließen. Mit einer sorgfältigen Vorbereitung können Sie Ihre Methoden verbessern, auf dem Gelernten aufbauen und die komplizierten Finanzmärkte meistern. Wenn Sie im Daytrading erfolgreich sein wollen, finden Sie hier eine ausführliche Anleitung, die Ihnen den Einstieg erleichtert:

1. Denken Sie über Ihre 14-tägige Erfahrung nach:

- Blicken Sie auf die letzten 14 Tage zurück und auf alles, was Sie erreicht oder nicht erreicht haben.
- Ermitteln Sie die wichtigsten Punkte, die Sie mitnehmen können, und die Stellen, die noch überarbeitet werden könnten.

2. Zielsetzung und -verfeinerung:

- Prüfen Sie, ob Ihre ursprünglichen Handelsziele weiterhin gültig sind.
- Stellen Sie sicher, dass Ihre Ziele für die nächsten Wochen und Monate klar, quantifizierbar und erreichbar sind.

3. Langfristige Vision:

- Legen Sie Ihre Ziele für das Daytrading auf lange Sicht fest.
- Planen Sie Ihre Aktivitäten so, dass sie Sie Ihren Zielen in den nächsten sechs Monaten, im nächsten Jahr und darüber hinaus näher bringen.

4. Lernen und Entwicklung von Fertigkeiten:

- Entwicklung einer systematischen Strategie zur ständigen Weiterbildung und Verbesserung der Fähigkeiten.
- Legen Sie fest, über welche Aspekte des Daytradings, wie Risikomanagement oder technische Analyse, Sie mehr erfahren möchten.

5. Bewertung der Ressourcen:

- Bewerten Sie die Nützlichkeit der von Ihnen verwendeten Lernmaterialien.
- Suchen Sie nach zusätzlichen Materialien, Bildungsangeboten oder Leitfäden, die Ihre Fähigkeit zum lebenslangen Lernen verbessern können.

6. Verfeinerung des Risikomanagements:

- Überprüfen Sie, wie Sie das Risikomanagement handhaben.
- Anpassungen nach Bedarf als Reaktion auf Probleme und gewonnene Erkenntnisse.

7. Diversifizierung des Portfolios:

- Untersuchung potenzieller Möglichkeiten für diversifizierte Investitionen.
- Um Ihr Risiko-Ertrags-Profil zu verbessern, sollten Sie vielleicht darüber nachdenken, Ihre Anlagen zu diversifizieren oder neue Handelstaktiken auszuprobieren.

8. Technologie und Werkzeuge:

- Denken Sie an all die Handelstechniken, die Sie verwendet haben, und wie effektiv sie waren.
- Halten Sie Ausschau nach neuen Funktionen oder Ressourcen und stellen Sie sicher, dass sich Ihre Handelsplattform und Ihre Tools an Ihre veränderten Anforderungen anpassen können.

9. Vernetzung und Engagement in der Gemeinschaft:

- Bemühen Sie sich, Ihre Beziehungen zu anderen Wirtschaftsbeteiligten zu vertiefen.
- Treten Sie Handelsorganisationen bei, besuchen Sie Netzwerkveranstaltungen und nehmen Sie an Foren teil, um Ideen und Informationen auszutauschen.

10. Simulation und Backtesting:

- Planen Sie jeden Tag einige simulierte Übungsstunden ein.
- Um herauszufinden, wie gut Ihre Methoden in der Vergangenheit funktioniert haben und wo Sie Verbesserungen vornehmen können, verwenden Sie Backtesting.

11. Psychologische Resilienz:

- Stärken Sie vorrangig Ihre mentale Stärke.
- Wenn Sie ein besserer Händler werden wollen, der seine Emotionen kontrollieren kann, versuchen Sie es mit Achtsamkeitsübungen, der Visualisierung einer ruhigen Umgebung oder etwas anderem.

12. Feedback und Mentorenschaft:

- Lassen Sie sich von erfahrenen Händlern oder Mentoren beraten.
- Nutzen Sie die Sichtweise von außen, um Ihre Handelstechnik besser zu verstehen und Ratschläge zur Verfeinerung Ihrer Taktik zu erhalten.

13. Marktforschung:

- Die Fortsetzung der Marktforschung sollte Vorrang haben.

- Lassen Sie sich bei Ihren Handelsentscheidungen niemals von mangelndem Wissen über makroökonomische Trends, globale Ereignisse oder branchenspezifische Geschehnisse beeinflussen.

14. Zeitmanagement und Disziplin:

- Arbeiten Sie daran, disziplinierter und effizienter mit Ihrer Zeit umzugehen.
- Machen Sie es sich zur Gewohnheit, jeden Tag die gleichen Dinge zu tun, um Ihre Effizienz zu maximieren und Ihrer Handelsstrategie treu zu bleiben.

15. Überprüfung und Anpassung:

- Planen Sie häufige Bewertungen und Anpassungen ein.
- Überprüfen Sie sich regelmäßig selbst, um zu sehen, wie es Ihnen geht, passen Sie Ihre Vorgehensweise an und stimmen Sie Ihre Ziele ab.

16. Meilensteine zelebrieren:

- Feiern Sie wichtige Meilensteine und erkennen Sie sie an, wenn Sie sie erreichen.
- Feiern Sie Ihre Erfolge, egal wie groß oder klein sie sind, damit Sie motiviert und optimistisch bleiben.

17. Einstellung zum kontinuierlichen Lernen:

- Betrachten Sie sich als lebenslangen Studenten.
- Um sich als Daytrader zu verbessern, sollten Sie jedes Geschäft als eine Chance betrachten, etwas Neues zu lernen.

18. Eventualfallplanung:

- Erstellen Sie Backup-Strategien für den Fall, dass etwas Unerwartetes auf dem Markt passiert.
- In Zeiten der Ungewissheit ist es wichtig, mögliche Probleme vorauszuplanen und Wege zu finden, ihre Auswirkungen zu mindern.

19. Dokumentation und Protokollierung:

- Führen Sie weiterhin sorgfältige Aufzeichnungen und schreiben Sie.
- Achten Sie darauf, jeden Handel detailliert zu dokumentieren, damit Sie Ihre Strategie im Laufe der Zeit analysieren und verbessern können.

20. Regelmäßige Selbstbeurteilung:

Pflegen Sie eine Routine der Selbsteinschätzung.

Betrachten Sie Ihre mentale Verfassung, Ihr Maß an Disziplin und Ihre Handelsleistung als Ganzes, um zu sehen, wo Sie sich verbessern können.

Wenn Sie in der sich ständig verändernden Welt des Daytrading erfolgreich sein wollen, müssen Sie sich vorbereiten. Konzentrieren Sie sich auf das Wesentliche, halten Sie die Ohren steif und sehen Sie jeden Handelstag als eine Chance, besser zu werden. Ihre proaktive Vorbereitung wird die Grundlage für langfristigen Erfolg an den Finanzmärkten bilden, und Daytrading ist ein Weg des ständigen Fortschritts.

Schlussfolgerung

Ihre Fertigstellung von "Day Trading for Beginners: Wie Sie in 14 Tagen zu Geld kommen" sind wir Ihnen sehr dankbar. In den letzten zwei Wochen sind Sie in die aufregende Welt des Daytradings eingetaucht, haben die Grundlagen gelernt, Pläne erstellt und Ihre Fähigkeiten, die Finanzmärkte zu manövrieren, perfektioniert. Denken Sie an diese wichtigen Punkte, wenn Sie an Ihre Reise zurückdenken:

1. Basiswissen: Jeder Aspekt des Daytradings, von den Grundlagen des Marktes bis hin zu den Schritten, die bei der Platzierung eines Trades erforderlich sind, ist jetzt für Sie kristallklar.
2. Auf Strategie basierende Methoden: Sie haben verschiedene Daytrading-Methoden studiert und dabei gelernt, wie man Chancen erkennt, Risiken kontrolliert und präzise Geschäfte tätigt.
3. Beherrschung der Marktdynamik: Nachdem Sie verschiedene Arten von Märkten, Indikatoren und Trendanalysen kennengelernt haben, sind Sie nun in der Lage, dieses Wissen zu nutzen, um zu verstehen, wie die Märkte funktionieren, und intelligente Entscheidungen zu treffen.
4. Beherrschen Sie das Risikomanagement: Von der Festlegung von Stop-Loss-Niveaus bis hin zur Feinabstimmung der Positionsgrößen für einen maximalen Schutz des Portfolios - Ihr Ansatz ist im Risikomanagement gut verwurzelt.
5. Eine wachstumsorientierte Haltung einnehmen: Sie haben erkannt, dass sich die Daytrading-Branche ständig verändert und dass es für Ihren Erfolg entscheidend ist, auf

dem Laufenden zu bleiben. Infolgedessen haben Sie eine Wachstumsmentalität angenommen.

6. Anpassungsfähigkeit an Veränderungen: Als Händler zeichnen Sie sich durch Ihre Widerstandsfähigkeit und Flexibilität bei der Reaktion auf Marktveränderungen aus.
7. Disziplin und emotionale Kontrolle: Es ist nun offensichtlich, dass ein stetiger Weg durch Siege und Niederlagen Disziplin und emotionale Kontrolle erfordert.
8. Reflektierende Praxis: Das Führen eines Notizbuchs und das Nachdenken über jeden Vorgang sind eine gute Möglichkeit, eine Grundlage für kontinuierliche Fortschritte zu schaffen und aus Fehlern zu lernen.

Die nächsten Schritte: Wenn Sie in Ihrer Daytrading-Karriere vorankommen, denken Sie an diese Leitlinien:

1. Das Wichtigste zuerst: Legen Sie Ihre Ziele fest: Verfeinern Sie Ihre Handelsziele, damit sie Ihr wachsendes Wissen und Ihre Ambitionen im Bereich des Daytradings widerspiegeln.
2. Bildung steht an erster Stelle: Lernen Sie ständig neue Dinge, erweitern Sie Ihr Wissen über komplexe Ideen und halten Sie sich über die neuesten Entwicklungen in Ihrem Bereich und auf dem Markt auf dem Laufenden.
3. Haben Sie Geduld: Der Aufbau einer erfolgreichen Daytrading-Karriere erfordert Zeit und Mühe. Geduld ist eine Tugend; es braucht Zeit, um dauerhafte Veränderungen zu erreichen.
4. Experimentieren und diversifizieren: Wenn Ihre Handelsfähigkeiten und Ihr Vertrauen wachsen, sollten Sie darüber nachdenken, in andere Märkte zu expandieren oder Ihr Handelsportfolio zu diversifizieren.
5. Arbeiten Sie mit: Schließen Sie sich der Handelsgemeinschaft an, suchen Sie sich einen Mentor, und bringen Sie sich in die Lage, von anderen zu lernen.
6. Schwierigkeiten willkommen heißen: Schwierigkeiten sind Chancen zum Lernen und Verbessern. Nehmen Sie sie an, wachsen Sie an ihnen und nutzen Sie sie zu Ihrem Vorteil, wenn Sie sich bemühen, Ihre Handelsfähigkeiten zu verbessern.
7. Überprüfen und anpassen: Machen Sie es sich zur Gewohnheit, Ihre Leistungen regelmäßig zu überprüfen, Ihren Ansatz zu ändern und Ihre Ziele zu verfeinern. Die Fähigkeit, sich anzupassen und im Laufe der Zeit erfolgreich zu sein, hängt von Ihrem Grad an Flexibilität ab.
8. Freuen Sie sich über Erreichtes: Freuen Sie sich über die kleinen und großen Siege, die Sie auf Ihrem Weg erreichen. Halten Sie durch und seien Sie optimistisch, indem Sie Ihre Erfolge anerkennen.
9. Denken Sie daran, dass das Daytrading ein fortlaufender Lernprozess ist und dass Sie gerade erst angefangen haben. Bleiben Sie aufgeschlossen, üben Sie sich in Selbstbeherrschung, und genießen Sie vor allem den Nervenkitzel des Daytradings. Ich

wünsche Ihnen alles Gute, damit Sie Ihre Träume auf den Finanzmärkten weiter verfolgen können. Viel Spaß beim Handeln!

* 9 7 9 8 8 7 8 3 9 3 5 3 9 *